CURA
DA ALMA

AMANDA DREHER

CURA DA ALMA

LIBERTE-SE DOS PADRÕES OCULTOS QUE BLOQUEIAM SUA VIDA

Luz da Serra®
EDITORA

2ª Edição
Nova Petrópolis / 2023

Projeto gráfico e diagramação:
Isin Guardiola

Produção editorial:
Tatiana Müller

Capa:
Rafael Brum

Revisão:
Daniele Marcon

Dados Internacionais de Catalogação na Publicação (CIP)

Dreher, Amanda.
    Cura da alma : liberte-se dos padrões ocultos que bloqueiam sua vida / Amanda Dreher. -- 2. ed. -- Nova Petrópolis, RS : Luz da Serra Editora, 2023.
    224p. ; 23cm.

ISBN 978-65-88484-65-4

1. Autoajuda 2. Desenvolvimento pessoal 3. Emoções 4. Meditação 5. Terapias naturais I. Título.

23-152764   CDD-158.1

Índice para catálogo sistemático:

1. Autoajuda : Psicologia aplicada   158.1

Henrique Ribeiro Soares - Bibliotecário - CRB-8/9314

Todos os direitos reservados. Nenhuma parte desta obra pode ser reproduzida ou transmitida por qualquer forma e/ou quaisquer meios (eletrônico ou mecânico, incluindo fotocópia e gravação) ou arquivada em qualquer sistema ou banco de dados sem permissão escrita da Editora.

Luz da Serra Editora Ltda.
Rua das Calêndulas, 62
Bairro Juriti - Nova Petrópolis/RS
CEP 95150-000
loja@luzdaserra.com.br
www.luzdaserra.com.br
loja.luzdaserraeditora.com.br
Fones: (54) 99263-0619

AVISO **IMPORTANTE**

Neste livro você vai ver relatos de muitos alunos que, após realizarem as ativações Atma Healing, diminuíram ou até mesmo pararam de tomar medicamentos para questões emocionais, como ansiedade, depressão, insônia etc. Tais resultados foram obtidos por iniciativa do próprio aluno e/ou com acompanhamento do seu médico, sem qualquer interferência/sugestão/recomendação da autora Amanda Dreher.

Por isso, é importante esclarecer que todos os conteúdos fornecidos por Amanda Dreher e suas empresas estão focados em promover equilíbrio emocional, serenidade e mudanças positivas nos pensamentos, sentimentos e comportamentos.

Amanda Dreher não é médica nem pratica a medicina a qualquer título. E tanto a autora quanto suas empresas não apoiam a automedicação nem a interrupção de qualquer tratamento sem o conhecimento do seu médico.

O leitor deve, para qualquer questão relativa a medicamentos ou diagnósticos, consultar um profissional devidamente credenciado pelas autoridades de saúde.

SUMÁRIO

- 8   **Apresentação**
- 11 **Como cheguei até aqui**
- 16 **O que é o Atma Healing**
- 20 **Como utilizar este livro**

25 Parte 1: O método Atma Healing
- 26 O Atma
- 36 Padrões ocultos: padrões de sofrimento emocional
- 43 A teoria dos 4 elementos
- 50 Os 28 padrões de sofrimento emocional e os 4 grupos

63 Parte 2: O Plano Atma de 5 semanas
- 64 O seu plano de ação
- 66 Medo do fracasso
- 68 Medo da rejeição
- 71 Competição e comparação
- 75 Distração
- 77 Rigidez
- 81 Não merecimento
- 84 Crítica e reclamação
- 88 Racionalização
- 91 Teimosia
- 96 Dependência emocional
- 100 Oscilação
- 105 Mentira
- 109 Escassez
- 114 Apego
- 119 Raiva
- 123 Insegurança
- 126 Procrastinação e preguiça

- **129** Mágoa
- **133** Manipulação
- **137** Controle
- **140** Culpa
- **143** Hipersensibilidade
- **146** Medo da crítica
- **150** Dúvida
- **155** Orgulho e vergonha
- **158** Vitimização
- **161** Intolerância e autocobrança
- **164** Medo do desconhecido
- **168** Alinhamento vibracional máximo
- **170** Prosperidade emocional
- **172** Autoestima real
- **174** Atração vibracional
- **176** Clareza intencional
- **178** Lei da Ação e Reação - o karma
- **182** Lei da Espiral da Evolução

187 Parte 3: As Ativações Atma Healing

- **188** A Técnica de Ativação Atma Healing
- **193** Como fazer as 4 Etapas da Ativação Atma Healing
- **193** Etapa 1: Fluxo duplo
- **194** Etapa 2: Portal do coração
- **195** Etapa 3: Coerência
- **196** Etapa 4: A SUA ativação
- **197** As 5 ativações do Nível 1
- **198** Ativação Atma Healing 1 - Terra
- **203** Ativação Atma Healing 2 - Água
- **207** Ativação Atma Healing 3 - Fogo
- **211** Ativação Atma Healing 4 - Ar
- **215** Ativação Atma Healing 5 - Completa
- **216** E agora?

Apresentação

Você já teve aquela sensação de que te falta algo?

Já teve a sensação de que parece ter algo bloqueando a sua vida?

Que alguma coisa parece estar travando a sua saúde, seus relacionamentos e sua prosperidade?

Por que você ainda não tem hoje a vida que sonha e sabe que merece ter?

Por que você tem o conhecimento sobre o que fazer, mas não consegue fazer?

Por que você quer muito algo, e até começa, mas logo procrastina e não consegue terminar aquilo que começou?

Por que você se sente menor quando sabe que merece se sentir muito maior?

O Atma Healing (Cura da Alma) foi desenvolvido exatamente para responder a essas e outras perguntas.

Depois de uma longa trajetória de estudos e pesquisas na área das terapias, acompanhando milhares de alunos, eu descobri que existem *padrões ocultos* que bloqueiam sua mente e sua energia. Quando eles estão ativos, desequilibram o fluxo natural dos 4 elementos essenciais na sua energia, gerando, assim, um estado interno de desarmonia que impede você de manifestar saúde, prosperidade e felicidade. É como se você estivesse preso dentro de uma armadura, de uma caixa, que não te permite ser quem você é de verdade e ativar o poder de cura da sua alma.

Os padrões ocultos, quando estão ativos, bloqueiam a sua vibração e, por isso, por mais que você se esforce e tenha boas intenções, por mais que seja inteligente e dedicado, você simplesmente não consegue realizar as mudanças que deseja, ir para um próximo nível de energia e criar a vida de abundância e felicidade que sonha e merece.

Na vida, não é questão de esforço. Não é questão de sorte. Tudo depende de você desativar e controlar esses padrões ocultos, reequilibrar o seu fluxo de energia e despertar o poder de cura da sua alma, ativando, assim, um poderoso estado de Alinhamento Vibracional Máximo, onde as coisas dão certo para você!

É a sua vibração que determina tudo o que você manifesta e atrai na vida. Se não estiver em estado de Alinhamento Vibracional Máximo, você parecerá um ímã desmagnetizado; as coisas não darão certo para você, por mais que você se esforce.

Ativar esse Alinhamento Vibracional Máximo é a chave para você fazer a mudança que tanto deseja na sua vida e atingir o seu próximo nível de saúde, prosperidade e realização.

O mundo evoluiu, o ser humano evoluiu (e continua evoluindo)! Assim como a tecnologia, a medicina e a ciência evoluíram, as terapias também precisam evoluir. Nesse sentido, **o Atma Healing é o que existe de mais moderno para você destravar sua vida, elevar sua vibração e ativar o poder de cura da sua alma.**

Amanda **Dreher**

O Sistema Atma Healing trouxe uma das mais incríveis revelações na área do desenvolvimento pessoal: ele descobriu que existem **PADRÕES DE SOFRIMENTO EMOCIONAL** - PSEs, que bloqueiam a vida, a saúde, as realizações e até mesmo a prosperidade das pessoas.

O mais incrível de tudo é que, com o Atma Healing, você não vai precisar ficar preso a anos intermináveis de terapia, não vai ter que reviver traumas do passado, tampouco precisará fazer tratamentos caros, complicados e demorados. Inédito no mundo, esse revolucionário sistema de ativações terapêuticas canalizado e sistematizado por mim, Amanda Dreher, combina conhecimentos milenares dos antigos sábios do Oriente com a ciência moderna, e tem apresentado resultados impressionantes na vida de milhares de alunos.

Se você está lendo este livro é porque sente que chegou a hora de fazer uma mudança, que não dá mais para continuar do jeito que está. E sim, chegou a hora de você atingir o seu próximo nível de saúde, energia, prosperidade e felicidade.

Vamos juntos, agora, trilhar esse poderoso caminho para desativar os padrões ocultos que têm bloqueado a sua vida até o momento, promover o alinhamento dos 4 elementos essenciais e ativar o poder de cura da sua alma!

SEJA BEM-VINDO AO ATMA HEALING!

Como cheguei até aqui

Por mais de duas décadas tenho dedicado minha vida a ajudar pessoas a destravarem suas vidas: superar dores e doenças emocionais, resgatar a confiança e poder emocional, melhorar seus relacionamentos, encontrar novas oportunidades pessoais e profissionais, ter clareza de quem são e o que precisam fazer... Enfim, ajudo-as a reassumir o controle de suas vidas e criar a vida extraordinária que sonham e merecem ter.

Enquanto compartilhava e ensinava os métodos e técnicas de trabalho e cura que descobri, aprendi e intuí, tive a oportunidade de ver bloqueios se desfazerem e vidas se transformarem. Além disso, ao ajudar outras pessoas a destravarem suas vidas, eu também destravei a minha, pois tudo aquilo que ensino e compartilho é o que eu mesma aplico para mim.

Quando comecei minha jornada na área das terapias, em 2002, eu não imaginava que hoje estaria aqui, compartilhando um sistema de ativações terapêuticas revolucionário e com milhares de alunos em mais de 18 países. Hoje já conto com quatro livros publicados (além deste que você está lendo): os best-sellers *Meditar Transforma* e *O Verdadeiro Ho'oponopono, Stop Ansiedade* e *As meditações mais poderosas de todos os tempos*, além de ser a criadora do aplicativo Namastê®, pelo qual sou apaixonada.

No entanto, durante muitos anos, eu também me senti travada: sentia um vazio dentro de mim, sofria com ansiedade, brigas nos relacionamentos, insatisfação profissional e escassez material. Por mais que eu me esforçasse e buscasse uma saída, não conseguia melhorar de verdade.

Porém, descobri que existe uma força maior que rege as nossas vidas, uma inteligência maior que nos conecta a tudo e a todos, que existe um fluxo abundante de energia à disposição de cada ser humano e que existem caminhos para você ativar ao máximo esse fluxo de energia na sua vida.

Essa força, essa energia, essa inteligência, é o que muitos chamam de Deus, Grande Criador, Consciência Universal, Energia Essencial. Seja qual for o nome pelo qual você reconheça essa energia, o importante é manter a mente aberta e entender que isso não tem nada de místico, zen ou esotérico, já que pesquisas da mais moderna ciência comprovam que tudo o que existe é energia. Manter-se conectado e em alinhamento com esse fluxo máximo de energia é uma escolha que fazemos todos os dias.

O sistema que você está prestes a conhecer fará com que você mude sua forma de enxergar a sua vida, a si mesmo e as outras pessoas, pois você entrará em um nível elevado de vibração. É como se você estivesse em um prédio e fosse subindo os andares: no primeiro andar, sua visão era uma; no oitavo, sua visão passa a ser bem mais ampla[1].

---
1 HANSON, Dr. Rick. O cérebro e a felicidade. Editora WMF Martins Fontes, 2015.

O fato é que, em algum momento da vida, todos nós tivemos que enfrentar problemas, desafios, situações de dor e sofrimento físico e emocional. Faz parte da vida, do nosso crescimento e evolução. Porém, quando essas memórias de dor e sofrimento do passado não são devidamente tratadas e curadas, elas ficam registradas em seu corpo, sua mente e sua energia, na forma de um padrão oculto ou inconsciente (ou seja, que você não percebe) que bloqueia sua conexão com essa energia maior e te desconecta da fonte criadora, do Todo.

Nesse estado de desconexão e desalinhamento, você se sente sozinho e cheio de dúvidas, com uma espécie de vazio no peito e insatisfeito com a vida; fica irritado, desmotivado, e as coisas não dão certo para você: sua imunidade está baixa; os relacionamentos, ruins; a prosperidade, travada... E, assim, você acaba se esquecendo de quem é de verdade e por que está aqui nesta vida.

Você é uma consciência infinita e ilimitada, com um potencial gigante dentro de si. Você é, na verdade, uma extensão dessa energia maior, do Divino Criador, e está aqui porque a sua alma tem um propósito a cumprir.

O Atma Healing é um caminho de volta para a sua essência, que ajudará você a desativar esses padrões ocultos que bloqueiam sua vida e, assim, reequilibrar o fluxo da energia dos 4 elementos essenciais e despertar o poder de cura da sua alma.

É preciso confiar no processo.

É preciso confiar para entrar no fluxo.

É preciso enxergar além do que os olhos físicos podem ver.

É preciso ir além e se permitir ser tudo o que você nasceu para ser.

@amandaldreher

Você é uma consciência infinita e ilimitada, com um potencial gigante dentro de si.

Cura **da Alma**

Se permitir é dar o seu melhor
para a vida e receber o melhor
que a vida tem para te dar.
Quando você ama a vida de verdade,
você tem a certeza de que a vida
também ama você.

O que é o Atma Healing

O Atma Healing é um sistema terapêutico de ativações vibracionais único e inédito no mundo, com formação já reconhecida pelo MEC (Ministério da Educação) e registrada na Biblioteca Nacional. Sua ação é imediata e promove alívio, equilíbrio e cura emocional, conseguindo, assim, destravar todas as áreas da sua vida.

**Atma significa a sua essência,
sua consciência, sua alma.
Healing significa cura.**

O Atma Healing é um sistema completo que ativa o Alinhamento Vibracional Máximo: desativa os padrões ocultos (Padrões de Sofrimento Emocional, ou PSEs), reequilibra o fluxo de energia dos 4 elementos essenciais e ativa o poder de cura da sua alma.

Esse sistema irá ajudar você a ativar todo o seu poder natural de autocura, e aqui vale ressaltar algo muito importante: no Atma Healing, o termo "cura" se refere ao sentido mais profundo e completo da palavra, significando "retornar ao estado perfeito" — é sobre você retornar ao seu estado perfeito de harmonia, felicidade e realização. Portanto, não se limita a uma cura física, mas também a uma cura emocional e vibracional na sua energia, que gera transformações em todas as áreas da vida: saúde, relacionamentos, trabalho. Isso acontece porque o Atma Healing não percebe o ser humano como partes separadas ou isoladas, mas sim como um todo complexo e interdependente, no qual todos os aspectos e dimensões da existência humana se relacionam.

Por isso, promovendo o Alinhamento Vibracional Máximo, você se alinha com a sua essência (Atma) e é capaz de expressar o seu potencial máximo de energia e criar a vida de abundância e realização com a qual tanto sonha e merece.

Quando está em alinhamento com a sua essência (Atma), você é capaz de superar dores e doenças, encontrar respostas, ter novas ideias e intuições, fazer mudanças pessoais, atrair novas oportunidades profissionais, ter novas experiências e relacionamentos incríveis, ter mais confiança e poder pessoal, pois sua vida destrava, e entra num estado de fluxo onde as coisas dão certo para você.

O sistema de ativações Atma Healing foi desenvolvido para ajudar qualquer pessoa, até mesmo quem não entende nada de energia, do funcionamento da mente, da teoria dos elementos etc.

Amanda **Dreher**

Benefícios do **Atma Healing**

✧ Destravar sua energia, abrir os seus caminhos e fazer sua vida acontecer.

✧ Superar a procrastinação, ter mais confiança para colocar em prática aquilo que você já sabe e ter forças para terminar as coisas que você começou.

✧ Encontrar o alívio, o equilíbrio e a cura emocional para vencer dores físicas e doenças emocionais (como ansiedade, depressão, pânico, dores crônicas, fibromialgia etc.), além de diminuir ou até eliminar os remédios.

✧ Elevar a autoestima, ter mais amor-próprio e melhorar seus relacionamentos.

✧ Elevar a sua vibração, aumentar sua imunidade e proteger a sua energia pessoal.

✧ Dormir melhor e ter mais energia, motivação e vontade de viver.

✧ Ativar seu fluxo máximo de energia e o alinhamento com a sua missão e propósito de vida.

✧ Sentir mais paz interior e equilíbrio para superar os desafios.

✧ Ter mais clareza mental e uma mente focada, presente e produtiva.

Cura **da Alma**

✧ Atrair a verdadeira prosperidade, pessoas incríveis e as melhores oportunidades.

✧ Começar novos negócios, destravar questões pessoais e profissionais do passado e conseguir atingir novas oportunidades.

✧ Limpar memórias negativas do passado e perdoar pessoas e situações.

✧ Ativar o poder da sua intuição e encontrar respostas e soluções para os problemas e preocupações.

✧ Parar de sofrer com comparação ou busca por perfeição, blindando sua mente contra as críticas.

✧ Curar medos: de rejeição, de fracassar, de críticas, de dirigir, de animais ou quaisquer pânicos específicos.

✧ Remover sentimentos de vazio, angústia, tristeza, mágoa, frustração ou ressentimento.

✧ Lidar com os desafios do dia a dia com mais tranquilidade e energia.

✧ Ter coragem para superar situações de crise e momentos difíceis.

Como utilizar este livro

Ao utilizar este livro para o seu processo de cura e alinhamento, você irá perceber uma verdade muito, muito essencial: pequenas mudanças geram grandes resultados. E, se geram grandes resultados, logo deixam de ser pequenas, concorda?

Não subestime mais os "pequenos" resultados, as "pequenas" vitórias que você sente no dia a dia. Ao praticar hoje, amanhã e depois, o pequeno se torna maravilhosamente imenso!

Tenho plena certeza de que cada ser humano é capaz de manifestar a vida de prosperidade, saúde e realização que sonha e deseja, e que para isso acontecer existe um caminho — ao qual você terá acesso com a leitura deste livro.

O caminho do Atma Healing é livre, e para segui-lo você não precisa acreditar em nenhum conceito ou filosofia religiosa.

Talvez, em alguns momentos, algum termo ou conceito apresentado aqui possa gerar uma rejeição imediata, mas não deixe que a semântica atrapalhe o seu processo de cura e alinhamento: mantenha sua mente aberta. Lembre-se de que não importa tanto a palavra em si, mas sim o que ela representa.

Aqui, a prática é tão importante quanto a teoria. Por isso, siga o método direitinho, confie no processo e se permita ser guiado neste caminho de volta para a sua essência.

Ao realizar as ativações do Atma Healing, muitas mudanças terão início na sua vida: você vai começar a se sentir diferente, com mais energia, mais clareza, mais confiança, com a intuição mais aguçada... Sincronicidades começarão a acontecer. Fique atento a todos esses sinais, porque aqui vai mais uma verdade essencial: entre o não aconteceu e o já aconteceu, existem milhares de "está acontecendo".

Existem muitas formas de você utilizar este livro, e, seja qual for a maneira escolhida, ele irá ajudar você no seu processo de desativar os bloqueios e elevar a sua vibração para destravar sua vida.

Para começar, você pode dar uma folheada geral e ver tudo o que iremos trabalhar. Mas atenção: ler o livro todo na correria, com uma passada de olho, não é a forma mais eficaz de utilizá-lo.

Amanda **Dreher**

Você vai perceber que este livro está organizado em três partes:

PARTE 1

O Método Atma Healing: esta é a parte da TEORIA, onde eu compartilho com você conceitos e conhecimentos que embasam o método.

PARTE 2

O Plano de 5 Semanas: esta é a parte da PRÁTICA, onde irei conduzir você por um processo terapêutico no qual vamos trabalhar, de forma individual, cada um dos 28 padrões ocultos (PSEs) nas primeiras quatro semanas. Na última, você irá fazer uma blindagem energética de todo o processo de cura e elevação da sua vibração para sustentar esse novo estado de Alinhamento Vibracional Máximo.

PARTE 3

As Ativações Atma Healing: esta é a parte das ATIVAÇÕES, onde você encontra as cinco poderosas ativações Atma Healing do nível 1. São ativações que você deve fazer todos os dias, H.A.D. (hoje-amanhã-depois), para desativar os padrões ocultos, reequilibrar o fluxo de energia dos 4 elementos e despertar o poder de cura da sua alma.

As Partes 2 e 3 deste livro são essenciais, e serão utilizadas em conjunto, pois ao final de cada dia da Parte 2 você será orientado a fazer uma ativação disponível na Parte 3.

Minha recomendação é que você deixe para ler a primeira parte aos poucos, no seu tempo, e que já comece logo a Parte 2, lendo um pequeno capítulo por dia junto com a Parte 3, para fazer sua Ativação Atma Healing do dia.

Cura **da Alma**

Durante os próximos 35 dias, separe de 20 a 30 minutos do seu tempo diário para esse momento, assim você irá conseguir aproveitar o máximo da energia e do conhecimento que este poderoso livro tem para te oferecer. Ele não é um livro para ser devorado, e sim para ser degustado com calma, por partes.

Eu sei que existem alguns leitores mais acelerados que já gostariam de ler vários pequenos capítulos da Parte 2 de uma única vez, e está tudo bem. Você até pode fazer isso, mas se permita seguir o plano de 5 semanas durante o tempo sugerido, voltando a ler cada capítulo no dia correspondente, para seguir em um processo contínuo e ascendente de cura e alinhamento.

Não pule nenhum capítulo da Parte 2 deste livro! Se tiver algum capítulo que desperte uma rejeição, leia novamente e procure entender o porquê de esse sentimento ter surgido.

**Importante:
vou amar saber dos seus
resultados. Você pode fazer
um story no seu Instagram e
me marcar (@amandaldreher)
para que eu veja.
Estou vibrando por você!**

Parte 1

O MÉTODO ATMA HEALING

O Atma

    Você é uma consciência infinita e ilimitada vivendo uma experiência material. Você não é o seu corpo físico. Você possui um corpo físico. Você não é a sua mente, tampouco seus pensamentos ou sentimentos. Você tem uma mente. Você é uma energia, uma consciência, uma alma; você é o Atma!

    "Atma" é uma palavra sânscrita que significa "alma, consciência infinita e ilimitada", ou seja, é a parte do seu ser que é eterna e indivisível. É você como essência divina. A sua verdadeira essência, que é una e completa.

    Sempre que se esquece de quem é de verdade, e se identifica com o corpo ou com a mente, você se desalinha do fluxo da abundância do Universo e experimenta dor e sofrimento. Vale lembrar, porém, que elas não são uma forma de punição do Universo, mas apenas um chamado para você voltar para o seu centro, se reconectar com a sua essência.

    Quando a sua alma (o seu Atma) toca a Terra para ter uma experiência de vida na matéria, sua energia se divide em *ying* e *yang*, para experimentar a vida na dualidade, com um corpo e uma mente, mas você continua sendo o Atma.

A vida é dual: positivo e negativo, feminino e masculino, amor e medo, luz e sombra... Um depende do outro para existir. A dualidade é o impulso para a transformação, o crescimento e a evolução, e é justamente a força dos opostos que gera o movimento da vida e, consequentemente, te permite crescer e evoluir.

Você, como ser humano perfeitamente imperfeito, possui um lado luz e um lado sombra. Você vai sentir amor e medo, vai ter experiências de felicidade e de sofrimento, e essa oscilação faz parte da vida. Lembre-se sempre: todos oscilam, muitos caem, alguns se levantam e poucos se levantam rápido!

Todas as experiências de vida são aprendizados. Tudo o que nos acontece tem o propósito de nos conduzir pelo caminho da evolução até que alcancemos a iluminação e sejamos totalmente luz.

O caminho da evolução e da expansão da consciência traz uma nova compreensão em relação a você mesmo, ao mundo, aos objetos e às pessoas, além do desejo interno de se sentir pleno e realizado.

Você está aqui nesta vida com um propósito; sua alma, sua essência, tem uma missão a cumprir. E realizar a sua missão, viver o seu propósito de vida H.A.D (hoje-amanhã-depois) é a única coisa que você precisa fazer.

Estamos aqui com a missão de: **amar, servir, evoluir e ser feliz!** Amar incondicionalmente você mesmo, as outras pessoas, a vida. Servir a vida com seu potencial máximo de luz, com seus talentos e habilidades. Estar sempre aprendendo, crescendo e evoluindo. Quando tudo isso acontecer, o sentimento de felicidade será uma consequência natural.

Cumprir sua missão é uma escolha diária: a de se lembrar de quem você é de verdade, da sua essência divina, de se reconectar com o seu Atma e ser o seu Eu de Verdade.

É ser capaz de manifestar o seu potencial máximo de luz em cada pequena escolha e ação. É ter a certeza de que você é uma extensão do Divino Criador, como se fosse os braços e as pernas de Deus.

É confiar no fluxo da vida com a certeza inabalável de que tudo o que acontece tem um propósito, e olhar para tudo e para todos com os olhos do amor e da sabedoria, entregando sempre o seu melhor. É ativar H.A.D. o poder de Cura da sua Alma e do alinhamento com a sua Identidade da Alma.

É se manter em Alinhamento Vibracional Máximo, sendo uma extensão do Divino Criador, criando uma vida cada vez melhor para você e fazendo do mundo um lugar melhor para que, ao final desta existência, sua luz seja mais intensa e brilhante do que quando você chegou.

Para isso acontecer na prática, é preciso remover tudo aquilo que bloqueia o fluxo de energia e esconde a sua luz. É preciso remover as camadas e camadas de padrões de sofrimento emocional para sair da armadura e ser finalmente apenas a sua essência, o seu Eu de Verdade.

Qual é a origem deste conhecimento?

Dentro das práticas naturais e terapias, estudos astrológicos, filosofias de cura — por que não — esotéricas e orientais, a influência dos elementos da natureza e sua relação com o ser humano são diretamente levadas em consideração.

Cura **da Alma**

Já era sabido, há milhares de anos, que todo o Universo, inclusive os seres humanos, são formados por 4 elementos essenciais (na verdade, são cinco, mas falarei sobre esse outro elemento mais adiante), e também que, quando esses elementos estão em equilíbrio, o ser humano experimenta um estado de harmonia e de fluxo com o Universo que permite a ele ter saúde física e emocional, e, assim, viver a vida com seu potencial máximo de energia.

O Atma Healing é um sistema único no mundo justamente porque utiliza, de forma inovadora e combinada, o poder de todo esse conhecimento:

✦ **Astrologia:** a influência dos planetas na constituição de cada ser humano e a relação dos elementos no comportamento humano.

✦ **Ayurveda:** como os elementos da natureza atuam na constituição do ser humano e qual a influência que exercem na saúde física e emocional.

✦ **Psicologia Analítica:** os estudos do Dr. Jung sobre os arquétipos, as personalidades e sua relação com os 4 elementos.

✦ **Alquimia:** estudo profundo dos elementos da natureza e como cada um deles impacta a saúde física e emocional.

✦ **Anatomia Esotérica:** os mais profundos estudos do campo de energia humana de Barbara Brennan, Dr. Stone (da Terapia da Polaridade) e Dra. Annie Besant sobre como equilibrar sua energia.

✦ **Neurociência:** os estudos dos Drs. Joe Dispenza, Bruce Lipton e Gregg Braden sobre o funcionamento do cérebro, da mente e do comportamento humano, envolvendo biologia celular, química cerebral e formação da memória.

Tenho muito carinho, respeito e gratidão por todos os pesquisadores que vieram antes de mim e que contribuíram com todo esse conhecimento. Dentro do processo de evolução natural, as técnicas terapêuticas e o conhecimento também precisam evoluir. Faz parte da evolução natural do conhecimento.

O mundo todo evoluiu e está evoluindo: tecnologia, medicina, informação... O ser humano do século 21 tem necessidades, desafios e comportamentos diferentes do século 19, além de necessidades, desafios e comportamentos que, mesmo com o passar do tempo, permanecem inalterados. E são exatamente essas verdades que são abordadas nos Vedas!

Os Vedas são escrituras originais que trazem o conhecimento do Sanatana Dharma (verdades absolutas, eternas). Eles são os primeiros registros literários da civilização indo-europeia e contêm conhecimentos espirituais sobre a vida em todos os seus aspectos.

O objetivo dos textos védicos é transmitir o conhecimento sobre a autorrealização para ajudar os seres humanos a se libertarem do sofrimento, e muito do conhecimento a que você terá acesso aqui eu fui buscar diretamente nessa fonte mais pura, os Vedas, assim como também fizeram os maiores filósofos, cientistas e pesquisadores.

Por isso, é preciso que fique claro que o que você vai encontrar aqui, no Atma Healing, não será achado em outros livros, cursos ou qualquer outro lugar. Você vai descobrir que:

Na vida, se não é bênção, é lição! Você entenderá que a dor, a doença e o sofrimento não são coisas negativas na sua vida, mas sim um chamado do Universo, da Vida, para a sua evolução. Depois que você aprende a lição, o sofrimento desaparece porque já não é mais necessário.

Tudo começa e termina em você! Você é o Atma 100% responsável pela sua atual realidade (responsável, e não culpado). A vida que você tem hoje foi você quem criou, de forma consciente ou inconsciente, positiva ou negativa, com seu nível de consciência do passado. A vida que você terá no futuro é você que está criando neste exato momento.

Quando você dá o seu melhor para a vida, a vida dá o melhor dela para você! Quando você sabe quem é, qual é a sua essência, a sua identidade de alma, você é capaz de compartilhar seus talentos e habilidades com o mundo. Você é capaz de ser o seu Eu de Verdade e manifestar a sua melhor energia, e é exatamente colocando suas habilidades a serviço da vida que se abre um fluxo de abundância e prosperidade. É a lei do dar e receber: primeiro você dá e depois você recebe.

Se o seu coração sonhar, você tem o dever de realizar! Você tem uma missão, um propósito a cumprir nesta vida. Por isso, você pode, deve e merece realizar os sonhos do seu coração. Você tem um corpo, uma mente e uma energia que foram projetados para permitir que você fosse capaz de cumprir o seu propósito de vida, que são os sonhos do seu coração.

Tudo o que existe é energia

Desde 1965, a Física Quântica comprova o que os grandes mestres e sábios do Oriente já sabiam: tudo é energia, inclusive o nosso corpo. Acreditamos que nosso corpo é algo físico, sólido, mas ele é energia, e se você tiver um microscópio potente o bastante, vai ver que 99,99999% de nós é espaço vazio, ou seja, energia.

Tudo o que se manifesta no universo físico, material, é energia em estado livre ou condensado. O que podemos ver e tocar é energia em estado condensado, como o corpo físico ou um livro. O que não podemos ver ou tocar, mas podemos sentir, é energia livre, como a luz do Sol tocando a pele.

A energia se manifesta na matéria de diferentes formas, por meio de 4 elementos essenciais: terra, água, fogo e ar. Esses elementos não representam apenas substâncias físicas, mas também qualidades universais que atuam em todos os níveis da nossa existência. Cada substância que existe no Universo é composta por esses elementos, combinados em diferentes proporções e com diferentes funções. Eles são responsáveis pela variação, criação e evolução do ser humano e de todos os reinos, desde o vegetal e animal até as matérias inorgânicas no reino mineral.

A terra, a água, o fogo e o ar estão presentes na vida física, mental e emocional. Eles não podem ser medidos, mas expressam suas características na matéria, naquilo que é possível sentir, tocar, pensar e ver. Em uma célula, por exemplo, o elemento terra é responsável por sua estrutura, a água predomina no citoplasma, o fogo é responsável pelo sistema digestivo e o ar auxilia no movimento celular. Todo ser humano possui uma combinação dos 4 elementos que determina o seu comportamento, suas necessidades emocionais e sua expressão individual, e essa combinação é revelada através da sua Identidade da Alma.

A principal característica da energia é estar sempre em movimento, gerando um fluxo contínuo entre os 4 elementos. Ela se movimenta em forma de onda, e essa onda de energia carrega informação (pensamentos e sentimentos). É a qualidade dessa informação que irá determinar qual será a frequência vibratória dessa onda de energia.

Logo, tudo é energia. Tudo possui uma vibração! Você possui uma vibração, e a sua vibração é determinada pela qualidade de todos os seus pensamentos, sentimentos e ações. Tudo o que é vivo possui energia vital, que os orientais chamam de prana, um termo sânscrito que significa "energia vital ou absoluta" e que é usado para explicar a energia vital que permeia todo o Universo, incluindo nós, seres humanos. É o princípio de energia ativo da vida, ou força vital. O prana penetra tudo, está em tudo, em toda parte: nos seres humanos, nos animais, nas plantas, nos minerais, no ar, na luz do Sol.... Nele está a essência de todo o movimento, de toda a força, de a toda energia, da gravitação, da eletricidade e de qualquer forma de vida.

Tudo o que é vivo possui um campo de energia vital que tem uma determinada vibração. Esse campo eletromagnético também é chamado de aura, que significa "sopro de luz". Os orientais já estudavam esse campo eletromagnético há milhares de anos, através do conhecimento védico, e hoje a mais moderna ciência e física quântica comprovam todos esses conhecimentos milenares.

Entender o campo de energia eletromagnética, a aura, nos ajuda a entender várias experiências da vida que não podem ser explicadas dentro do paradigma limitado de uma visão materialista.

O campo eletromagnético

O corpo físico de todos os seres vivos está cercado por um corpo luminoso que tem sua própria vibração. Esse campo vibracional é o campo de energia eletromagnética que interpenetra o corpo físico e que dá vida à matéria, podendo ser chamado de diferentes nomes: aura, corpo bioplasmático, campo sutil, campo energético, campo áurico, corpo sutil, corpos de luz, perianto, pneuma etc.

A aura é a manifestação da energia universal intimamente envolvida na vida de todos os seres vivos, a qual emite uma radiação ou vibração que é o reflexo dos pensamentos, sentimentos, atitudes, características comportamentais e espirituais do indivíduo, bem como do meio ambiente em que está inserido.

A aura é a condensação da energia que a alma possui. Ela pode se expandir ou se retrair (tornar-se maior ou menor) de acordo com o nível de consciência, evolução e energia pessoal do ser humano. É nesse campo eletromagnético que estão localizados os chakras e os nadis. Os nadis são canais energéticos por onde a energia flui. Esses canais são responsáveis por produzir os centros de força conhecidos por chakras. Se fizermos uma comparação, imagine que os nadis são as veias e artérias; e os chakras, os órgãos ou glândulas.

Quando, na aura, existe um fluxo de energia vital (prana) equilibrado e em harmonia, a pessoa experimenta saúde física, equilíbrio emocional, paz mental e realização material. Ela experimenta um estado de fluxo máximo, se sente feliz e está em harmonia com o fluxo da abundância do Universo.

Tudo fica registrado na aura: todos os pensamentos e sentimentos, positivos ou negativos, conscientes ou inconscientes, todas as memórias e experiências vividas. Pensamentos e sentimentos positivos e elevados, como amor, gratidão, alegria e coragem expandem a aura, tornando-a ainda mais luminosa, e ativam o fluxo de energia vital (prana), promovendo uma sensação de paz, bem-estar e felicidade. Pensamentos e sentimentos negativos, como raiva, frustração, culpa, vergonha ou medo bloqueiam o fluxo de energia vital (prana) e fazem com que a aura se retraia e perca seu brilho e luminosidade. O campo eletromagnético sofre alterações no seu fluxo normal e cria padrões diferentes para a energia que se concentra em diferentes pontos da aura. Essas concentrações de energia são chamadas de *bloqueio energético*, pois impedem a energia vital de fluir naturalmente. Quando o bloqueio energético persiste por anos, o fluxo de energia vital (prana) cessa completamente, e aí temos um padrão oculto, que chamo de padrão de sofrimento emocional. Quando isso acontece, a pessoa apresenta problemas crônicos (de saúde, nos relacionamentos, financeiros...) e que se repetem.

Padrões Ocultos:
Padrões de Sofrimento Emocional

A dúvida é: como eu sei que tenho um padrão oculto bloqueando a minha vida? Como eu sei que tenho um padrão de sofrimento emocional ativo?

A resposta é simples: Você sabe que tem um padrão oculto quando a sua vida não está do jeito que deseja e você não consegue mudar isso sozinho! Quando você hoje vive uma vida que não gostaria de estar vivendo!

Todas as experiências de vida que tiveram forte impacto emocional (seja positiva ou negativamente) ficam registradas no seu campo eletromagnético (aura), integradas em seus circuitos neuronais e armazenadas em seu corpo, mente e vibração, determinando, assim, sua biologia, fisiologia, escolhas e comportamento.

Essas memórias ficam, em maior parte, armazenadas no seu subconsciente, que é a parte da mente responsável por armazenar todas as suas experiências. E como essas memórias estão no seu subconsciente, logo, você não tem consciência delas. Você acha que tem, mas não tem. Elas formam um padrão oculto de comportamento.

A mente subconsciente trabalha 24 horas por dia, sem parar, enviando informações, influenciando suas escolhas e determinando o seu comportamento sem que você se dê conta desse processo.

Na vida, todos nós iremos enfrentar problemas, dificuldades e desafios; faz parte da experiência da vida — a dualidade. Todas essas situações, porém, são oportunidades de crescimento e evolução, pois, como vimos, na vida, se não é bênção, é lição!

Quando uma situação difícil acontece, seja ela simples — como uma cobrança no trabalho, o excesso de compromissos, o trânsito lá fora — ou mais grave — como uma crise financeira, uma briga em um relacionamento, uma traição, uma doença ou, até mesmo, a perda de alguém querido —, isso gera em você (ou seja, no seu campo de energia) uma *ferida emocional*.

Quando uma situação fere você emocionalmente, despertando sentimentos negativos, como medo, mágoa, raiva, culpa, frustração, vergonha ou tristeza, isso também fica registrado em seu campo eletromagnético como uma ferida emocional. Então, na tentativa de evitar um novo sofrimento, você esconde essa ferida, coloca um curativo sobre ela e a oculta, e acredita, por um tempo, que aquilo passou, que tudo foi resolvido. A mente arquiva a situação no subconsciente, formando uma memória limitante, e você segue adiante. Porém, quando menos espera, sem querer você bate justamente ali, no local da ferida, e isso dói muito; dói até mais do que a primeira vez, porque essa ferida começou a infeccionar com o tempo. Então, você coloca um curativo ainda maior, e esquece dela por mais um tempo, até que, de repente, você bate nela outra vez e se lembra de como aquela ferida te incomoda.

Amanda **Dreher**

Uma vez que uma ferida emocional é criada em seu campo eletromagnético, enquanto ela não for curada, irá, através da Lei do Semelhante, atrair situações que geram mais desse mesmo sentimento doloroso (pois semelhante atrai semelhante). E enquanto você não tratar e curar essa ferida emocional, ela ficará registrada na sua aura (no seu campo eletromagnético) e passará a bloquear o fluxo de energia vital (prana), ocasionando, assim, uma memória limitante.

Quando existe uma memória limitante, sua energia fica bloqueada e os centros de energia (chakras) não conseguem mais se abastecer do prana e tampouco conseguem abastecer as glândulas endócrinas do corpo de forma correta. Isso gera um desequilíbrio no fluxo dos 4 elementos essenciais, que irá se manifestar na forma de dores, doenças e problemas nas diferentes áreas da vida.

As glândulas endócrinas são como pequenas usinas que liberam hormônios e outras secreções naturais essenciais para o bom funcionamento do organismo. Elas são responsáveis por manter a química do corpo em equilíbrio, e quando ficam carentes de energia, essa deficiência dá origem à maior parte das dores e doenças.

Com o passar do tempo, novas situações acontecem, que despertam em você o mesmo tipo de sentimento negativo: você volta a sentir aquela mágoa, volta a sentir aquele medo, você volta a sentir aquela raiva... Em casos assim, o sentimento negativo é atraído magneticamente para aquele bloqueio energético que já existia na sua aura, formando um tipo de conglomerado de sentimentos com o mesmo padrão vibratório, e assim nasce um padrão de sofrimento emocional.

Quando você não se sente seguro para expressar sua verdadeira essência, por ter sido repreendido, ridicularizado ou criticado, os impulsos mentais e emocionais não expressos se alojam na sua energia e musculatura na forma de tensão e bloqueios, e esses bloqueios criam um padrão oculto de energia que irá determinar o seu estilo de vida.

Eu chamo esse padrão oculto de padrão de sofrimento emocional porque ele realmente atua como um padrão de comportamento, determinando tudo o que você faz ou deixa de fazer.

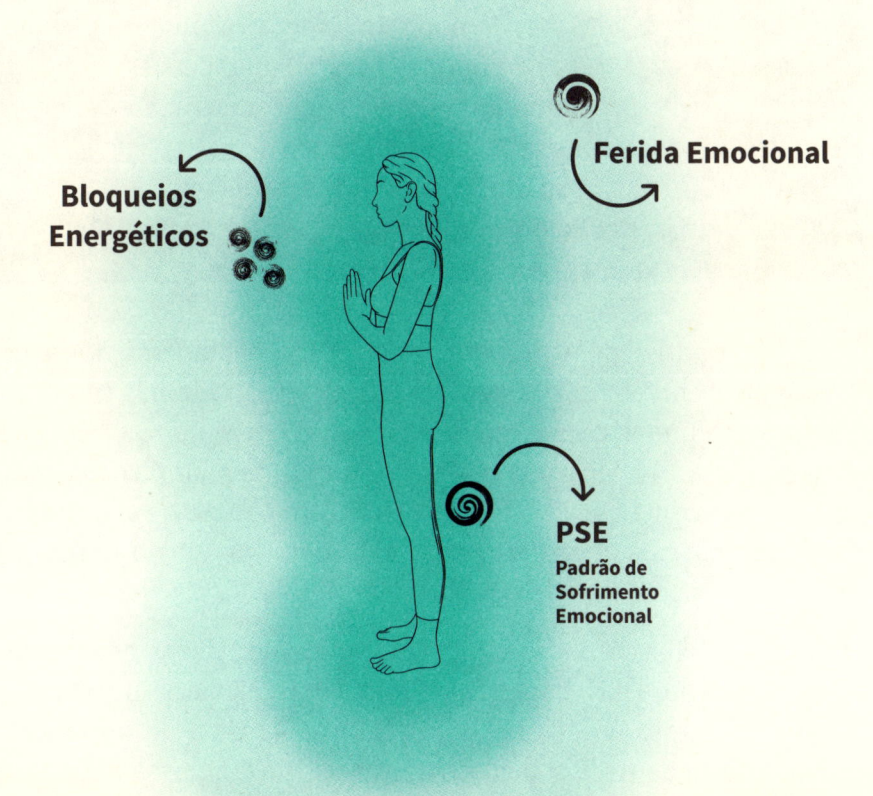

Bloqueios Energéticos

Ferida Emocional

PSE
Padrão de Sofrimento Emocional

O Dr. Joe Dispenza explica que as emoções são um registro químico das experiências do passado que está armazenado nas suas células e conexões neuronais, no próprio corpo físico.

É por isso que, quando existe um registro de padrão de sofrimento emocional ativo, você até quer ter um comportamento diferente, mas não consegue. É como se o seu corpo não te obedecesse mais, e aí você procrastina, começa coisas e não termina, fala coisas das quais se arrepende depois, tem atitudes e comportamentos que não consegue explicar etc.

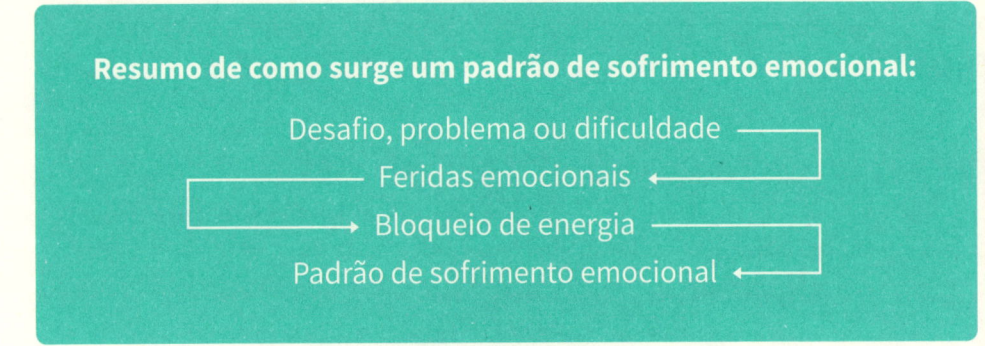

> **Resumo de como surge um padrão de sofrimento emocional:**
>
> Desafio, problema ou dificuldade
> Feridas emocionais
> Bloqueio de energia
> Padrão de sofrimento emocional

Um padrão de sofrimento emocional é uma memória de dor e sofrimento que se repetiu e ficou registrada nas camadas mais profundas da sua mente, no seu corpo e na sua vibração (energia, aura). Ele é inconsciente, ou seja, na maioria das vezes, você não consegue identificar quando um padrão de sofrimento emocional está ativo e travando o fluxo de energia no seu corpo e na sua mente.

Quando esses padrões são ignorados, eles vão se acumulando na sua aura na forma de camadas e mais camadas de padrões de sofrimento emocional, criando uma espécie de armadura: você deixa de ser a sua essência, o seu Atma, e passa a ser essa armadura. Seu comportamento, sua forma de pensar, sentir e de se expressar passam a ser determinados por esses padrões, e sua vida passa a ser controlada por eles.

Quando um padrão de sofrimento emocional está ativo, você

deixa de ser quem é de verdade e passa a pensar, agir, escolher e se comportar com base nesse novo padrão.

Quando um padrão de sofrimento emocional está ativo, sua imunidade diminui e você fica vulnerável a dores e doenças.

Quando um padrão de sofrimento emocional está ativo, você não sabe mais qual é a sua Identidade da Alma e não consegue mais expressar o seu potencial máximo de energia. Você perde sua espontaneidade, perde a confiança em si mesmo e começa a sentir um vazio e insatisfação com a vida.

Quando um padrão de sofrimento emocional está ativo, você não consegue manifestar o seu potencial criativo e ser criador da sua realidade, pois esse novo padrão faz com que você fique congelado no tempo, e o seu passado cria o seu futuro, impedindo você de acessar o Alinhamento Vibracional Máximo, que te permite criar a vida com a qual você sonha e tanto merece.

Um padrão de sofrimento emocional ativo é como um programa de computador rodando de forma automática na sua mente: por mais que você queira agir diferente ou mudar, existe um padrão já criado, que envolve toda uma rede de circuitos neuronais, fazendo com que você se comporte habitualmente dentro desse padrão estabelecido. Essa programação mental é feita com base em uma experiência de dor do passado, que tem quase total controle sobre os seus comportamentos habituais.

Dessa forma, os seus resultados sempre serão idênticos à sua programação mental, à sua vibração!

São esses bloqueios no fluxo de energia os geradores dos padrões de sofrimento emocional que impedem você de realizar as mudanças que deseja na sua vida. São eles que prendem você em dores e doenças, em um ciclo vicioso de emoções negativas e sofrimentos emocionais. Só depois de desativar esses padrões é que você consegue ativar o Alinhamento Vibracional Máximo e, assim, destravar a sua vida em todas as áreas: emocional, profissional, financeira etc.

Agora, imagino que você deva estar pensando: "Como faço para desativar esses padrões de sofrimento emocional?". Já vamos chegar nesse ponto. Antes, porém, é importante que você saiba que eu já identifiquei 28 padrões de sofrimento emocional, e nas próximas páginas você saberá como cada um deles atua e como desativá-los.

Os padrões de sofrimento emocional estão organizados em grupos pautados nos 4 elementos essenciais. Por isso, antes de continuar a analisá-los, é essencial entender como a teoria dos 4 elementos funciona.

A teoria dos 4 elementos

Seja nos textos védicos que datam de mais de 5 mil anos atrás, nos estudos da astrologia ou, ainda, no conhecimento dos filósofos gregos do século 6 a.C., já era sabido que existem 4 elementos primordiais que formam tudo o que existe: pedras, estrelas, seres humanos... Tudo o que você vê é formado pela combinação e interação desses 4 elementos: terra, água, fogo e ar.

A teoria dos 4 elementos é a base de muitas filosofias, ciências ocultas e, também, da astrologia. Grandes filósofos gregos como Empédocles e Aristóteles já utilizavam este conhecimento para melhorar o entendimento sobre o comportamento humano. E, até mesmo Hipócrates - que é conhecido como o pai da medicina - formulou a sua teoria dos humores com base na teoria milenar dos 4 elementos.

Esses elementos não são apenas símbolos ou conceitos abstratos, mas, sim, forças vitais que compõem toda a criação e que podem ser percebidas pelos estados físicos. Eles são essenciais para que possa haver vida e para que ela se desenvolva.

Além dos elementos essenciais, também existem 4 elementos químicos principais para a composição de todas as coisas presentes na Terra, que são: nitrogênio, hidrogênio, oxigênio e carbono. O principal elemento da terra é o carbono. No elemento água, existe 88,88% de oxigênio. No elemento fogo, existe 71% de hidrogênio. No elemento ar, existe 78% de nitrogênio.

Resumindo, temos um NHOC:

N – nitrogênio: ar (78% de nitrogênio);

H – hidrogênio: fogo (71% de hidrogênio);

O – oxigênio: água (88,88% de oxigênio);

C – carbono: terra (principal elemento é o carbono).

Esses 4 elementos estão presentes em cada célula do corpo humano, sendo que 95% da massa total do ser humano é formada por eles. Dos 21 elementos da Tabela Periódica que formam o corpo humano, apenas quatro deles compõem 95% das células do seu corpo; os outros 17 elementos estão presentes nos 5% restantes. Logo, o ser humano é, basicamente, formado pela combinação de terra, água, fogo e ar.

Além da importância que os elementos têm como fatores constitutivos da matéria física, eles também têm um rico e complexo simbolismo, uma vez que representam qualidades universais que atuam em todos os níveis da nossa existência.

Elemento terra

O elemento terra é caracterizado pela rigidez, firmeza e solidez. É a expressão do mundo material, sólido e estável. Representa a praticidade e a força para materializar e executar ideias e projetos.

Elemento água

O elemento água é caracterizado pelo movimento, pela sensibilidade e adaptabilidade (capacidade de assumir a forma do lugar onde está). Expressa as emoções e os sentimentos mais profundos, a empatia e a compaixão. Representa o reino de profundas emoções e respostas sentimentais, indo de paixões compulsivas a medos opressivos.

Elemento fogo

O elemento fogo é caracterizado pelo calor, pela luz e pela energia. Expressa uma energia radiante universal, um entusiasmo que, através de sua luz, traz cor ao mundo. Representa a impulsividade, a fé e confiança em si mesmo e a iniciativa.

Amanda **Dreher**

Elemento ar

O elemento ar é caracterizado pela expansão, pela leveza e pelo movimento. É a expressão da energia vital, chamada de prana, que está associada à respiração. Representa o mundo de ideias arquetípicas além do véu do mundo físico. É o pensamento em constante movimento.

Algumas teorias e filosofias abordam cinco elementos, mas o quinto elemento, conhecido como éter, quinta-essência, Akasha ou luz divina, é o elemento que deu origem a todos os outros quatro. O pentagrama, a estrela de cinco pontas circunscrita, representa justamente essa ideia, a união dos 4 elementos e o **quinto elemento no topo, como aquele que domina todos os demais.**

O quinto elemento é imaterial, logo, não pode ser comparado aos outros quatro. É como se ele fosse a "alma" dos outros elementos, pois ele é a fonte, a energia que se divide entre os 4 elementos essenciais. Por essa razão, inclusive, é que vamos utilizar, aqui, a teoria dos 4 elementos.

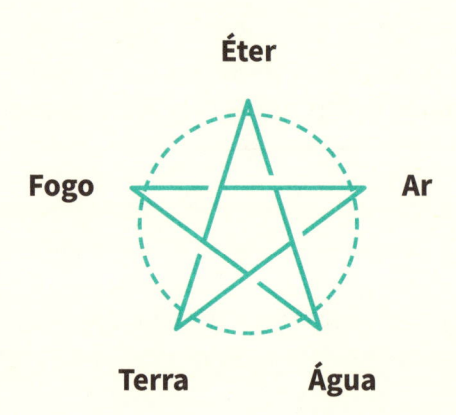

Cura **da Alma**

Cada ser humano tem uma combinação específica de cada um dos 4 elementos: em alguns predomina o elemento terra, o que os torna mais práticos e racionais. Outros têm a predominância do elemento fogo, que os torna mais impulsivos e determinados. Enfim, cada ser humano terá características mentais e emocionais, impulsos energéticos, necessidades e desejos, motivações e desafios específicos que irão variar de acordo com a combinação e predominância desses elementos.

A composição e predominância dos 4 elementos é formada no momento do nascimento: no processo de nascimento, o ser humano passa por um cinturão de planetas e recebe uma carga de energia de cada um deles conforme sua disposição no céu naquele momento, e é exatamente isso que revela a Identidade da Alma, que faz parte do um sistema único no mundo chamado Mapa da Alma®.

A Identidade da Alma é a combinação dos 4 elementos que revela a energia essencial básica de cada um. Quando esses elementos estão em harmonia e equilíbrio, experimentamos saúde, felicidade, prosperidade, realização, bons relacionamentos e tudo o que planejamos dá certo, pois é justamente a harmonia dos 4 elementos que permite que o fluxo de energia essencial flua sem nenhum bloqueio e que você esteja em harmonia com o fluxo da abundância do Universo.

Agora, quando um elemento entra em desequilíbrio, o fluxo de energia fica comprometido, e você começa a ficar mais cansado e sem energia; dores e doenças começam a se manifestar e as coisas começam a ficar difíceis. Com o passar do tempo, esse desequilíbrio de um elemento começa a afetar um segundo elemento — porque eles atuam de forma interligada, como se fossem a engrenagem de um relógio —, e mais dificuldades, problemas, dores e doenças surgem. Quando você vai ver, sua vida está travada e nada dá certo pra você, pois o fluxo de energia foi interrompido, bloqueado.

Por isso é importante trabalhar no reequilíbrio de todos os 4 elementos, que é justamente o que o sistema de ativações Atma Healing faz — e o melhor: com ação imediata.

Mas o que faz com que esse desequilíbrio aconteça?

Existem, basicamente, duas coisas que fazem com que você se desconecte do fluxo da abundância do Universo:

1. Ignorar a sua Identidade da Alma e tentar ser quem você não é. Sem conhecer suas habilidades, você deixa de utilizar o seu potencial para tentar desenvolver habilidades com as quais não se identifica. Você se esforça cada vez mais, tem cada vez menos resultado e nunca consegue se sentir realmente bom em algo.

2. Padrões Ocultos. Memórias de dor e sofrimento, ou seja, feridas emocionais que não foram curadas, que ficam registradas nas camadas mais profundas da sua mente e da sua energia, criando um padrão oculto de comportamento.

Esse padrão oculto faz com que você não consiga realizar o que deseja, bloqueia a sua essência e te impede de ser quem você é de verdade. Esses padrões ocultos são o que eu chamo de padrões de sofrimento emocional.

Quando um padrão de sofrimento emocional está ativo, ele altera seu padrão de comportamento e sua forma de sentir, se expressar e agir, criando um estado de desarmonia com o fluxo da vida. Existem, ao todo, 28 tipos de padrão de sofrimento emocional, divididos em quatro grupos, e cada um deles corresponde a um dos 4 elementos.

Desativar os padrões de sofrimento emocional, reequilibrar os quatro elementos essenciais e ativar o poder de cura da sua

Cura **da Alma**

alma é essencial para que você atinja o Alinhamento Vibracional Máximo e tenha saúde emocional, prosperidade, harmonia nos relacionamentos… Enfim, para que você se mantenha em alinhamento com o fluxo de abundância do Universo e manifeste a realidade incrível com a qual você sonha e tanto merece.

Amanda **Dreher**

Os 28 padrões de sofrimento emocional e os 4 grupos

Os 28 padrões de sofrimento emocional estão registrados na camada mais profunda da sua mente, o subconsciente, e no seu campo eletromagnético, na sua vibração.

Cada um desses padrões possui uma vibração específica, que está associada a um determinado elemento essencial. Por isso, os 28 padrões de sofrimento emocional estão agrupados de acordo com os 4 elementos essenciais: terra, água, fogo ou ar.

Cura **da Alma**

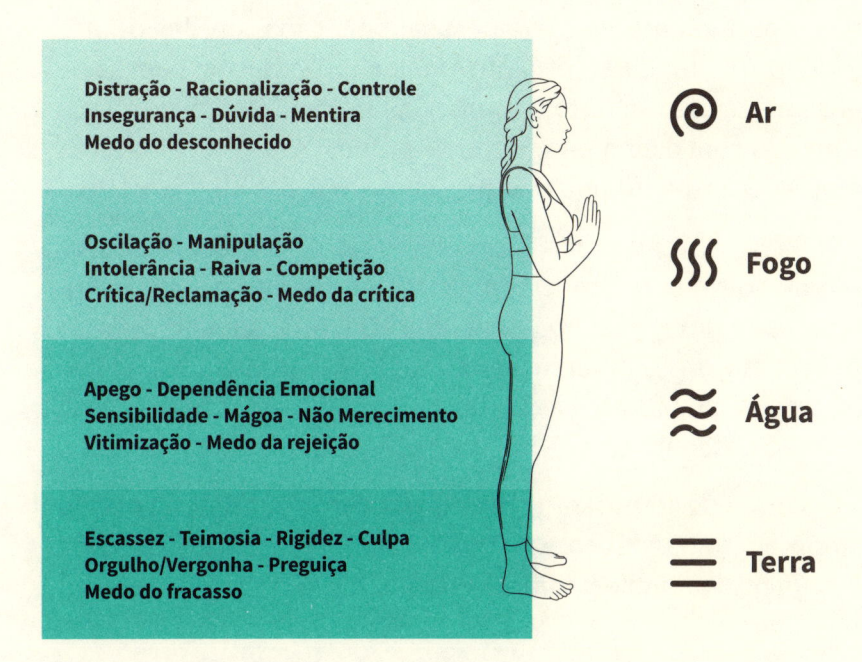

Distração - Racionalização - Controle Insegurança - Dúvida - Mentira Medo do desconhecido	◎ Ar
Oscilação - Manipulação Intolerância - Raiva - Competição Crítica/Reclamação - Medo da crítica	∫∫∫ Fogo
Apego - Dependência Emocional Sensibilidade - Mágoa - Não Merecimento Vitimização - Medo da rejeição	≈ Água
Escassez - Teimosia - Rigidez - Culpa Orgulho/Vergonha - Preguiça Medo do fracasso	= Terra

Cada um dos elementos essenciais possui características únicas que atuam em todos os níveis da existência: físico, mental e emocional. São os elementos que determinam a qualidade da energia, da vibração. No momento em que uma ferida emocional surge, a qualidade da emoção e do sentimento gerado irá determinar o tipo de padrão de sofrimento emocional daquela ferida: se terra, água, fogo ou ar. Por exemplo, uma situação em que você se sentiu culpado irá gerar um padrão de sofrimento emocional do elemento terra. Uma situação em que você se sentiu magoado irá gerar um padrão do elemento água. Numa situação em que você teve uma crise de raiva, o padrão de sofrimento emocional será do elemento fogo; e numa situação em que você teve dúvidas, esse padrão será do elemento ar.

O grupo ao qual o padrão de sofrimento emocional pertence irá revelar os tipos de sentimentos, pensamentos e padrões de comportamento daquela pessoa, pois cada um dos quatro grupos de padrão de sofrimento emocional possui um padrão de pensamento, sentimento e comportamento diferente, que varia de acordo com o elemento daquele grupo. Contudo, existe uma emoção/sentimento que está presente em todos eles: o medo.

Embora o medo pertença aos quatro grupos, esse padrão de sofrimento emocional se manifesta de forma diferente em cada um deles: no elemento terra, aparece como medo do fracasso; no elemento água, como medo da rejeição; no elemento fogo, como medo da crítica; no elemento ar, como medo do desconhecido.

O padrão de sofrimento emocional ficará armazenado no seu campo eletromagnético exatamente na região correspondente ao elemento daquele padrão.

Padrão de sofrimento emocional do elemento terra

Quando você tem um padrão de sofrimento emocional do elemento terra, seu fluxo de energia fica bloqueado e gera o modo sobrevivência: você trabalha muito, se esforça bastante, mas mesmo assim não consegue atingir suas metas e objetivos, ficando preso a uma realidade de escassez de recursos materiais e falta de prosperidade.

Você também tem dificuldade em realizar mudanças, e acaba enxergando (percebendo) a vida de uma perspectiva muito limitada, sem conseguir ter novas ideias ou reconhecer novas oportunidades.

Na saúde física, apresenta: indisposição, problemas nos ossos e articulações (como reumatismo, artrite, dores no joelho e no nervo ciático) e problemas de sangue, como anemia. Na saúde emocional, apresenta cansaço, sobrecarga, tristeza e depressão.

Quando o padrão de sofrimento emocional desse grupo é desativado, a energia volta a fluir e reativa qualidades como determinação, objetividade e disciplina. Sua saúde física e disposição melhoram, bem como a capacidade de lidar bem com as questões materiais e de realizar seus objetivos.

Padrão de sofrimento emocional do elemento água

Quando você tem um padrão de sofrimento emocional do elemento água, seu fluxo de energia fica bloqueado e gera a dependência emocional: você não consegue ter a força necessária para expressar a sua própria essência e seus desejos, nem consegue fazer as coisas por si mesmo, pois há uma constante (e inconsciente) necessidade de aprovação. Você gosta de ajudar e acaba se colocando em segundo plano, vivendo para os outros, ou cai na armadilha da comparação e se sente inferior.

Você também sofre com o efeito esponja, absorvendo a energia das pessoas e ambientes, o que faz com que se torne uma pessoa facilmente influenciável e com dificuldade para estabelecer limites.

Na saúde física, apresenta deficiência no sistema linfático, problemas hormonais, como TPM, menopausa, infertilidade e frigidez, além de sobrepeso, obesidade e problemas circulatórios, nos rins e na bexiga. Na saúde emocional, apresenta baixa autoestima, hipersensibilidade, carência, efeito esponja e excesso de sono.

Quando o padrão de sofrimento emocional desse grupo é desativado, a energia volta a fluir e reativa qualidades como flexibilidade e compreensão. Há o retorno do livre fluir das emoções, da alegria, do "jogo de cintura". Você volta a ter harmonia nos relacionamentos, a sentir prazer com as coisas da vida e a acreditar ser merecedor da felicidade.

Padrão de sofrimento emocional do elemento fogo

Quando você tem um padrão de sofrimento emocional do elemento fogo, o fluxo de energia fica bloqueado e gera a energia dividida: você faz várias coisas ao mesmo tempo, está sempre ocupado, sem tempo para nada, e mesmo assim não consegue ter prosperidade.

Também faz cada vez mais coisas na tentativa de preencher o vazio e a insatisfação, mas nunca consegue se sentir satisfeito com a vida porque ignora que, antes do fazer e ter, vem o *ser*: ser quem você é de verdade e realizar o que está alinhado com a sua missão de vida.

Na saúde física, apresenta problemas digestivos, como azia, gastrite e refluxo, além de intolerância alimentar, doenças inflamatórias, problemas de pele, alergias, bruxismo e problemas no fígado e no pâncreas. Na saúde emocional, apresenta estresse, irritabilidade, impaciência, oscilações de humor e explosões emocionais.

Quando o padrão de sofrimento emocional desse grupo é desativado, a energia volta a fluir e reativa qualidades como capacidade de processar e digerir alimentos e emoções, bem como de transmutar a sombra em luz e lidar com as adversidades. Seu poder interior aumenta, bem como a confiança em si e na vida. O ego está em equilíbrio e você se sente capaz de construir (coisas e a própria história), de reciclar.

Padrão de sofrimento emocional do elemento ar

Quando você tem um padrão emocional do elemento ar, o fluxo de energia fica bloqueado e gera a exaustão mental: o excesso de pensamentos e atividade mental que drenam a sua energia. São tantas ideias que é extremamente difícil conseguir organizá-las e criar um planejamento para colocá-las em prática.

Você também sonha muito e realiza pouco. Não consegue concluir as atividades e projetos que se dispõe a fazer. A atividade mental é tão intensa que você acaba se distanciando do mundo dos sentimentos e da afetividade, passando a viver a vida sob uma perspectiva muito racional e lógica. Faz muitas perguntas que não levam a lugar nenhum, somente geram mais dúvidas e aceleram ainda mais a atividade mental.

Na saúde física, apresenta baixa imunidade, problemas respiratórios como rinite, sinusite e asma, além de taquicardia, dores de cabeça, enxaqueca, torcicolo, tensão nos ombros, fibromialgia, vícios (drogas, remédios, álcool), constipação intestinal, anorexia e tique nervoso. Na saúde emocional, apresenta ansiedade, pânico, insônia, TDAH e memória ruim. Quando o padrão de sofrimento emocional desse grupo é desativado, a energia volta a fluir e reativa qualidades como leveza com a vida, criatividade, rapidez e agilidade. Sua mente está clara e arejada, você está aberto a novas oportunidades e se sente capaz de mudar, de sacudir a poeira da energia estagnada.

Quando você identifica a qual grupo o seu padrão de sofrimento emocional pertence, você consegue fazer uma análise do que está acontecendo na sua vida em diversas áreas: saúde física, saúde emocional, relacionamentos, dinheiro, trabalho... Identificando o elemento que está em desequilíbrio, você consegue dar início ao processo de Alinhamento Vibracional Máximo para acessar a mais poderosa energia que existe, o poder de Cura da sua Alma.

Amanda **Dreher**

Os 28 PSEs. Padrões de Sofrimento Emocional

	A	B	C	D	E	F	G
☰ Terra	Medo do Fracasso 1	Escassez 2	Teimosia 3	Rigidez 4	Culpa 5	Orgulho Vergonha 6	Preguiça 7
∼∼∼ Água	Medo da Rejeição 8	Apego 9	Dependência Emocional 10	Hiper Sensibilidade 11	Mágoa 12	Não Merecimento 13	Vitimização 14
$$$ Fogo	Medo da Crítica 15	Oscilação 16	Manipulação 17	Intolerância Autocobrança 18	Raiva 19	Competição Comparação 20	Crítica Reclamação 21
⊙ Ar	Medo do Desconhecido 22	Distração 23	Racionalização 24	Controle 25	Insegurança 26	Dúvida 27	Mentira 28

Todos nós, enquanto seres humanos, temos algum tipo de sentimento negativo, memória de dor ou sofrimento, alguma espécie de ferida emocional — ou seja, algum padrão de sofrimento emocional ativo — que precisa ser curado para a nossa evolução.

Uma pessoa pode ter padrões de sofrimento emocional em um único grupo, ou, em casos mais graves, em todos eles. Quanto mais padrões de sofrimento emocional a pessoa tiver em um único grupo, mais o fluxo de energia estará bloqueado naquela região e mais desequilibrado o elemento desse grupo estará.

Esses 28 padrões de sofrimento emocional estão registrados no seu campo eletromagnético nas várias camadas. Por isso, existem camadas e camadas de padrões de sofrimento emocional. Conforme você vai evoluindo e expandindo sua consciência, você vai desativando e controlando os Padrões de Sofrimento Emocional que estão registrados em camadas diferentes da aura e, com isso, obtém transformações em todas as áreas da vida. Desativar e controlar padrões de sofrimento emocional é um processo contínuo, pois sempre há um novo nível de consciência para ser atingido (Lei da Evolução Constante).

Quando o padrão de sofrimento emocional é desativado, o fluxo de energia volta a funcionar e, então, você começa o processo de reequilíbrio dos 4 elementos essenciais para acessar o poder de cura da sua alma, o seu Atma Healing, e manifestar uma vida com saúde, prosperidade e felicidade.

Como desativar os padrões de sofrimento emocional?

Na Parte 2 deste livro, você será apresentado a um plano de 5 semanas, no qual iremos trabalhar a desativação de um padrão de sofrimento emocional por dia. Todos os dias, você irá aprofundar o estudo de um determinado padrão de sofrimento emocional e, ao final, fará a ativação referente àquele padrão. Na Parte 3 deste livro, você encontrará todas as ativações Atma Healing do nível 1. Depois que você concluir o plano de desativação dos PSEs, você pode repetir todo processo ou, escolher os PSEs que sente estarem mais ativos, para fazer a manutenção do processo de desativação, e, assim, desativar e controlar os PSEs.

Algumas formas de terapia buscam tratar a ferida emocional analisando as situações que geraram aquele sofrimento, fazendo a pessoa reviver traumas na tentativa de encontrar a origem e o culpado de toda aquela dor. Um processo lento, demorado, sofrido e que tem se revelado, em grande parte, ineficaz.

O sistema Atma Healing atua desativando os padrões de sofrimento emocional sem que seja necessário reviver traumas ou encontrar culpados, e é por isso que ele gera resultados imediatos. Para não reforçar ainda mais o circuito químico negativo dos padrões de sofrimento emocional, não devemos buscar reviver os traumas ou tentar encontrar a origem daquele sofrimento.

Outro motivo pelo qual não devemos fazer isso é porque a sua mente racional nunca irá revelar a verdadeira origem de um padrão de sofrimento emocional. Ela não vai entregar essa informação assim, de bandeja, para você. Às vezes, a situação que deu origem a tudo pode estar muito distante no tempo e ocultada do seu consciente para te proteger.

É muito comum que a situação que você acredita que deu origem a tudo não seja, de fato, a causa originária. Essa situação traumática que você lembra geralmente é algo que apenas reforçou um padrão de sofrimento emocional que já existia.

E não há valor algum em tentar achar culpados. Vejo muitas pessoas colocarem a culpa dos seus traumas em seus pais ou em situações que enfrentaram na infância. No entanto, falar que você hoje se sente rejeitado porque sua mãe teve um comportamento que fez você se sentir assim não tem nenhum valor terapêutico curativo. Isso, pelo contrário, apenas faz com que você se coloque em uma postura de vítima e sinta um certo alívio por acreditar que a culpa de a sua vida estar ruim do jeito que está não é sua, mas de uma pessoa ou situação.

Quando se coloca como vítima do passado, você abandona o presente, e, por isso, abre mão de todo o seu poder criador, perdendo a energia necessária para fazer a mudança que deseja e, assim, curar a sua vida.

Não existe nenhum culpado, não existe nenhuma vítima. Existe o Universo funcionando e colocando em nosso caminho as experiências e pessoas certas para evoluirmos. Cabe a cada um de nós buscar a melhor forma de superar essas situações para que tudo o que restar das experiências de dor e sofrimento seja o aprendizado — sem medos, sem julgamentos, sem mágoas, sem culpas. Apenas o aprendizado.

Por isso, é proibido reviver traumas no processo do Atma Healing!

Em primeiro lugar, o padrão de sofrimento emocional está registrado no seu subconsciente, e você nunca conseguirá desativá-lo de verdade trabalhando com sua mente consciente. Para isso, é preciso furar a barreira da mente analítica e acessar o subconsciente, que é onde acontece a transformação.

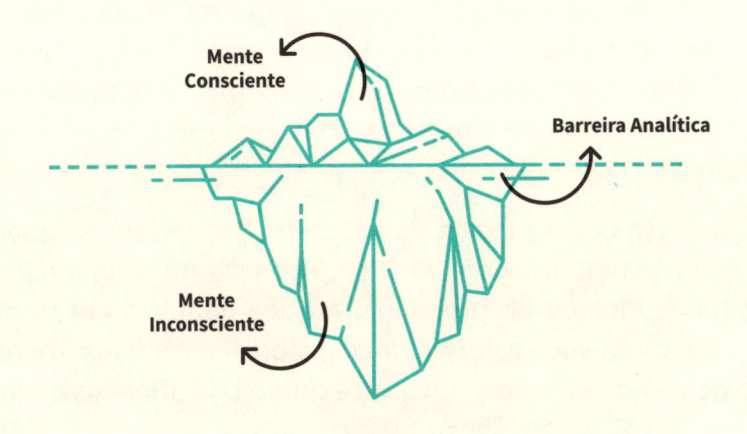

Por isso é tão importante você fazer as ativações disponíveis na Parte 3 deste livro, pois elas foram estruturadas para romper essa barreira da mente analítica e acessar o subconsciente, onde estão registrados os padrões de sofrimento emocional. As ativações Atma Healing não falam para a sua mente consciente, por isso não tente racionalizá-las e entendê-las de forma lógica. Apenas relaxe e confie no processo.

No programa on-line Atma Healing, que é o passo seguinte deste livro, as ativações são gravadas com tecnologia 8D, para acelerar ainda mais esse processo de cura e elevação da vibração. É por isso que este é um livro que você precisa utilizar na prática, ou seja, não basta apenas ler o livro todo, é preciso fazer as ativações Atma Healing em conjunto para que os resultados sejam alcançados. É somente dessa forma que você irá romper a barreira da mente analítica, desativar os padrões de sofrimento emocional armazenados no seu subconsciente e iniciar o processo de reequilíbrio dos 4 elementos essenciais para, então, despertar o poder de cura da sua alma.

Em segundo lugar, sempre que você relembra (seja pensando ou falando) uma situação que gerou dor ou sofrimento emocional, você revive aquilo, e isso reativa toda a cadeia neurológica criada com o acontecimento, fazendo com que o seu corpo e a sua mente fiquem como se estivessem congelados no tempo. Ao reviver a situação de sofrimento, sua mente entende que tudo aquilo está acontecendo novamente, e assim, sem saber, você ancora o seu cérebro e o seu corpo no passado. Você não está mais vivendo o presente, mas sim repetindo o passado de forma inconsciente.

É por isso que o sistema de ativações Atma Healing trabalha com o Foco de Cura Vibracional: o foco está na cura, e não na dor, na doença ou no problema. A física quântica já comprovou que, onde você coloca sua atenção, ali estará sua energia, e ao depositar sua energia ali, você estará criando mais daquilo para a sua vida. Quando foca sua atenção e energia na dor, no problema, naquilo que você não quer, você acaba vibrando na mesma frequência do problema e fica muito mais difícil conseguir fazer a mudança necessária. Agora, quando você foca sua atenção e energia na cura, na transformação, na nova realidade que deseja, você eleva sua vibração e acelera o processo de cura e transformação.

> **Lembre-se:
> um problema jamais
> será resolvido na mesma
> energia em que foi criado.**

Parte 2

O PLANO ATMA DE 5 SEMANAS

O seu plano de ação

Preparei um plano de cinco semanas, 35 dias, para que você consiga atingir o Alinhamento Vibracional Máximo de forma simples e rápida, sem se preocupar com mais nada. Basta ler o conteúdo do dia, fazer a ativação Atma Healing designada, relaxar e confiar no processo.

Durante as primeiras quatro semanas, nós vamos descobrir como cada um dos 28 padrões de sofrimento emocional atua na sua vida e, o melhor, como desativar cada um deles. Na última semana, vamos fazer uma blindagem energética para que você possa sustentar toda a energia conquistada durante o seu Plano Atma de 5 Semanas e manter sua vibração elevada.

Minha recomendação é que você siga exatamente o plano, sem acelerar o processo nem pular etapas. Este exato plano já trouxe transformações e resultados incríveis na vida de milhares de alunos do programa on-line Atma Healing, e agora chegou a sua vez.

Depois de fazer o seu Plano Atma de 5 Semanas, pode ser que você queira repeti-lo por completo ou reforçar algum ponto específico; se for o caso, você pode e deve fazer isso. Desativar padrões de sofrimento emocional é um processo contínuo: você vai limpando uma camada, depois outra, depois outra, como se estivesse tirando as cascas de uma cebola. O mais incrível é que a cada nova camada que você vai limpando e desativando, você vai descobrindo coisas novas sobre si mesmo e ampliando o seu entendimento da vida. Você vai subindo de nível de consciência.

Cuidar da sua mente e da sua energia é a coisa mais importante que você tem para fazer, porque tudo, absolutamente tudo na sua vida, depende da qualidade da sua vibração, de você estar ou não no estado de Alinhamento Vibracional Máximo. Por isso, esse cuidado é algo que deve acontecer H.A.D. (hoje-amanhã-depois).

VAMOS COMEÇAR?

Amanda **Dreher**

Semana 1

✧ Dia 1: **Medo do fracasso**

O primeiro padrão de sofrimento emocional que iremos trabalhar é o medo do fracasso, que pertence ao grupo do elemento terra.

Esse padrão é bem silencioso e bloqueia todas as áreas da sua vida. Quando ele está ativo no seu campo vibracional, você não consegue ter bons relacionamentos, ter prosperidade no seu trabalho, realizar os seus sonhos, e o mais grave: você deixa de estar no controle da sua vida, pois esse medo simplesmente paralisa você.

Quando esse padrão de sofrimento emocional está ativo, tenha a certeza de que quem está no controle da sua vida, determinando suas escolhas e decisões, escrevendo a história da sua vida, não é você, e sim os outros!

Mas por que o medo do fracasso acontece?

Ao longo da nossa vida, desde quando éramos crianças, e depois, na adolescência, todos nós tivemos que aprender a lidar com vários nãos, com fracassos, desilusões... Nem sempre as coisas saíram como o planejado e nós não fomos ensinados a lidar com isso. A forma de vida que existe hoje criou uma espécie de "ditadura da perfeição", onde não é permitido errar ou fracassar e, depois, tentar outra vez.

Na sua infância, você foi educado, treinado, para ser bom em tudo. Não era permitido ser incrível em uma matéria que você tivesse mais potencial e afinidade, por exemplo, Matemática, e não ir bem em outra, como Português; você tinha que manter uma boa média em todas as matérias. Você nunca foi avaliado respeitando seus dons, talentos e habilidades naturais, respeitando a sua Identidade da Alma. Quando você "fracassava", sofria alguma forma de punição e o amor era retirado de você, e isso ficou registrado na camada mais profunda da sua mente, o seu subconsciente, na forma de um padrão de sofrimento emocional.

Agora, na sua vida adulta, esse medo de fracassar atua como um padrão oculto, fazendo com que você não tenha coragem de realizar uma mudança, falar algo, se expressar, fazer algo diferente. Esse medo rouba sua espontaneidade, sua autenticidade e paralisa você.

Se não tomar cuidado, o padrão de sofrimento emocional do medo do fracasso fará com que você nunca esteja aberto às novas oportunidades, ou que dê um primeiro passo e logo depois paralise, pois você não está enxergando o caminho completo.

Você até tem sonhos e a intenção de fazer algo incrível e extraordinário na sua vida, mas está paralisado por esse padrão de sofrimento emocional, que faz com que você tome decisões com base no que os outros acham que é o certo para você. Lá no fundo, você acredita que se seguir a voz dos outros, e não a voz da sua essência, do seu Eu de Verdade, você não terá como errar.

Vale lembrar, porém, que para realizar os seus sonhos você irá cometer erros. Sim, você vai errar, vai fracassar, mas eu aprendi que na vida não existem erros, apenas aprendizados. E sim, amigo leitor, na vida é permitido errar, só não é permitido não tentar. Nunca se esqueça disso!

Menos cobrança, mais leveza. Menos controle, mais confiança. Menos medo, mais amor no coração.

Amanda **Dreher**

Não tenha medo de tentar, de ousar. Busque progresso, e não perfeição!

MANTRA:

Na vida, é permitido errar, só não é permitido não tentar!

Faça agora a sua ativação Atma Healing 1 Terra (disponível na Parte 3 deste livro)

Depois, anote no espaço a seguir como você se sentiu e quais foram os seus principais insights durante essa prática:

_____
_____
_____

Semana 1

✦ Dia 2: **Medo da rejeição**

Inspire o ar profundamente, solte devagar e, agora, responda para si mesmo:

1. Quantas vezes você deixou de falar algo porque você acreditou que o que tinha a dizer não importava, não era bom o suficiente?

2. Quantas vezes você deixou de fazer algo por achar que o que você tinha para dar ou contribuir era muito pouco? Ou por achar que os outros não iriam gostar daquilo que você tinha para falar ou fazer?

3. Quantas vezes você deixou de dizer ou fazer algo porque se preocupou com a opinião e o julgamento dos outros?

4. Quantas vezes você se deixou de lado para tentar cumprir com as expectativas e projeções dos outros, do mundo lá fora?

Quando o padrão de sofrimento emocional do medo da rejeição está ativo, você acaba fazendo, tendo, e sendo tudo o que os outros querem que você seja, na tentativa de ser aceito, amado, reconhecido e valorizado. E assim como o medo do fracasso, o medo da rejeição também irá paralisar você, bloqueando a sua espontaneidade e autenticidade, impedindo que você seja do jeitinho único e especial que você é, e fazendo com que você se distancie da sua verdadeira identidade, a sua Identidade da Alma. O medo da rejeição faz você estar sempre disponível para os outros, querendo ajudar e ser agradável com todos, numa busca inconsciente por aprovação; ele leva você a fazer tudo pelos outros e se deixar sempre em segundo plano.

Vou te dizer algo muito importante: você tem um jeito único e especial de ser, e o mundo precisa de você do jeitinho que você é. O que você tem para falar importa, o que você tem para contribuir importa! E não, você não vai conseguir agradar todas as pessoas o tempo todo.

Desativar esse padrão de sofrimento emocional é se libertar da necessidade de aprovação dos outros, é aceitar e acolher as diferenças. É saber que o mundo precisa de cada ser humano exatamente como cada um é. Você não precisa se enquadrar em moldes prontos e regras estúpidas. Também não precisa da aprovação, reconhecimento e amor do mundo lá fora. Você só precisa ser quem você é de verdade.

Em alguns momentos, algumas pessoas irão te rejeitar de alguma forma, e está tudo bem, porque também há coisas, pessoas, ideias e situações que você rejeita. É uma questão de afinidade: existem pessoas com as quais você tem mais afinidade, e outras, menos. Isso é natural do ser humano, e aceitar e respeitar essas diferenças é o primeiro passo para despertar o verdadeiro e único amor: o amor incondicional por você e por todos os seres humanos, acolhendo a luz e a sombra de cada um no seu processo de crescimento e evolução.

Lembre-se sempre de uma coisa: o que João diz sobre Pedro diz muito mais sobre João do que sobre Pedro. Em outras palavras, o que os outros falam e pensam sobre você diz muito mais sobre essas pessoas do que sobre você mesmo, porque cada um de nós está fazendo uma interpretação emocional dos fatos. Da mesma forma, o que você diz e pensa sobre as outras pessoas diz muito mais sobre você do que sobre as outras pessoas.

Os outros atuam como espelho, logo, quando esse padrão de sofrimento emocional está ativo, isso significa que você está rejeitando algo em si mesmo. De alguma forma, você está se cobrando demais e buscando uma perfeição inatingível.

Nós tendemos a achar que o medo da rejeição está relacionado aos outros, mas a verdade é que esse medo não se refere ao que vem do lado de fora, mas ao que está do lado de dentro. Esse padrão de sofrimento oculto só está revelando que você está sendo muito duro consigo mesmo, que está se cobrando uma perfeição inatingível, que você está se rejeitando.

Se você está com esse padrão de sofrimento emocional ativo, a maior rejeição que você sofre não é do cônjuge, dos filhos, dos colegas de trabalho ou do chefe. A maior rejeição é a que você aplica a si mesmo, e sabe como? Quando você se olha no espelho e não se acha bonito. Quando você se acha menos inteligente, menos capaz e duvida do seu potencial. Quando você tenta ser como outra pessoa porque não está se amando incondicionalmente do jeito incrível que você é.

Cura **da Alma**

MANTRA:

O que os outros pensam sobre mim não determina quem eu sou. O que eu acredito sobre mim determina o meu valor.

Faça agora a sua ativação Atma Healing 2 Água (disponível na Parte 3 deste livro)

Depois, anote no espaço a seguir como você se sentiu e quais foram os seus principais insights durante essa prática:

_____
_____
_____

Semana 1

✧ Dia 3: **Competição e comparação**

O padrão de sofrimento emocional da competição e comparação pertence ao grupo do elemento fogo, e leva você a fazer cada vez mais coisas, se esforçar cada vez mais e, no entanto, não conseguir se sentir feliz de verdade.

Quando esse padrão está ativo, você sente uma espécie de vazio, mesmo percebendo que conquistou várias coisas: você se formou, construiu uma carreira, tem uma família e uma casa legal... Você foi conquistando várias coisas, mas, ao se olhar no espelho, percebe que o tempo está passando e que a vida que você tem hoje não é aquela com a qual sonhou. Diante disso, você questiona o que pode ter dado errado no meio do caminho.

Será que você sonhou o sonho errado? Por que não consegue se sentir feliz?

Algumas pessoas se sentem culpadas quando isso acontece, como se não tivessem o direito de não se sentirem felizes, o que só piora a situação. Já aconteceu com você?

Esse padrão de sofrimento emocional é muito perigoso, pois faz com que você se ocupe e faça um monte de coisas que, no final das contas, não representam a vontade da sua alma, da sua essência.

Quando esse padrão está ativo, o seu dia se torna uma lista de "tem ques": *tem que* fazer isso, *tem que* fazer aquilo, *tem que* dar conta de tudo... No final do dia, ao olhar para tudo o que fez, você se sente sobrecarregado, esgotado e com um grande vazio, pois você fez tudo o que tinha que fazer, mas não o que você realmente queria fazer. E assim, dia após dia, esse padrão de sofrimento emocional vai sendo reforçado, drenando sua energia, diminuindo sua vibração e travando a sua vida.

Mas por que esse padrão de sofrimento emocional aparece?

O estilo de vida atual está cada vez mais voltado para o fazer e o ter. Isso leva as pessoas a se distanciarem da sua essência e, consequentemente, se esquecerem de quem realmente são. Cada vez mais fazemos coisas para ter coisas, sem tempo para apenas ser. Não há tempo para se perguntar: por que eu faço o que faço? Este sonho ou desejo é algo que vem do mais profundo do meu ser, da minha essência, ou é uma projeção e expectativa dos outros, do mundo aí fora?

Enquanto você não inverter esse ciclo do **TER → FAZER → SER para SER → FAZER → TER**, você continuará sendo vítima desse padrão de sofrimento emocional, e continuará se comparando com os outros, duvidando do seu poder e capacidade de realização, se esforçando cada vez mais e conseguindo cada vez menos os resultados que deseja. Você entra em uma corrida sem fim, sempre insatisfeito, sempre competindo (consigo mesmo e com os outros), sempre em movimento, mas não chegando a lugar algum.

Com esse padrão de sofrimento emocional dominando a sua vida, você não consegue sentir gratidão, ser grato de verdade. Nada é bom o bastante (nem você mesmo), nada é suficiente, sempre é preciso fazer mais para ter mais, e você nunca consegue se sentir completo e realizado.

Porém, quando esse padrão de sofrimento emocional é desativado, você volta a se alinhar com a sua essência, o seu Atma, e ativa um fluxo de Alinhamento Vibracional Máximo no qual você é exatamente quem nasceu para ser: o seu Eu de Verdade, compartilhando com o mundo os seus talentos naturais, e aí, o SER, o FAZER e o TER serão uma consequência natural.

A vida não é uma linha de chegada, ela é o caminho. Cada dia importa, cada hora importa, cada minuto importa. Tão importante quanto o destino final é o caminho trilhado. Por isso, a vida precisa ser vivida de uma forma que te permita se sentir feliz no presente, com aquilo que você tem hoje, com quem você é hoje.

É claro que você deve ter sonhos, metas e objetivos, desejar atingir um próximo nível, ter mais energia, mais dinheiro, relacionamentos melhores, mais oportunidades de crescer e evoluir (vamos trabalhar isso nos próximos dias, afinal é por isso que você está aqui). No entanto, se não sentir gratidão pela atual realidade e não se sentir feliz no seu momento presente, você não conseguirá acessar o fluxo de abundância do Universo, e isso fará com que a vida perca significado e você se sinta vazio por dentro. E quando você menos espera, estará sofrendo com dores e doenças emocionais: estresse, ansiedade, insônia etc.

Amanda **Dreher**

Do que adianta fazer, fazer e fazer? As pessoas de hoje deixaram de SER seres humanos e se tornaram fazedores humanos, sempre ocupadas, como se isso fosse um sinal de sucesso.

Você merece ter tempo para você, para se sentir feliz e preenchido, e isso não tem a ver com fazer mais coisas, é só questão de escolher fazer com mais amor aquilo que você está fazendo hoje, e estar presente no momento presente.

Estar presente no momento presente é o melhor presente que você tem para se dar.

MANTRA:

Não é sobre o quanto fazemos, mas sobre quanto AMOR colocamos no que fazemos.

Faça agora a sua ativação Atma Healing 3 Fogo (disponível na Parte 3 deste livro)

Depois, anote no espaço a seguir como você se sentiu e quais foram os seus principais insights durante essa prática:

_____
_____
_____

Semana 1

Dia 4: **Distração**

O ritmo de vida acelerado, o mundo na palma da nossa mão, o grande fluxo de informações e notícias, e a quantidade cada vez maior de coisas para fazer, para dar conta, nos torna cada vez mais suscetíveis a este padrão de sofrimento emocional: a distração!

Estamos cada vez mais distraídos e sem foco, cada vez mais preocupados, ansiosos e sofrendo com a procrastinação, porque cada vez mais esse padrão de sofrimento emocional está presente na vida dos seres humanos. O mundo moderno apresenta tantas oportunidades, possibilidades e caminhos que você acaba por se distrair do seu. Está cada vez mais fácil se distrair e não conseguir ter a clareza e a disciplina necessárias para chegar até o final.

Essa aceleração toda levou a grande maioria das pessoas a acreditar que ser multitarefa, fazer várias coisas ao mesmo tempo, estar sempre ocupado, sempre em busca da última novidade, é sinônimo de realização e sucesso. Hoje, se não tomar cuidado, sua agenda é interrompida a todo momento com uma nova solicitação, notificação ou algo novo para responder, e sem perceber você já não é mais dono do seu tempo. Não é por acaso que vivemos um momento no qual um grande número de pessoas sofre com ansiedade, insônia, transtorno de déficit de atenção, estresse crônico... Tudo isso é o que acontece quando o padrão de sofrimento emocional da distração está dominando a sua vida.

A distração leva você a fazer várias coisas ao mesmo tempo, na busca por produtividade. Você gasta tanta energia tentando realizar várias tarefas que, no final, não sobra quase nada para concluir tudo o que você começou. Qualquer mudança já o faz parar no meio do caminho. Uma novidade surge e logo captura sua atenção, fazendo com que aquilo que você queria antes já não seja mais do seu interesse.

A distração faz você passar uma vida inteira sem saber qual é o seu caminho, o caminho da sua Identidade da Alma, da sua essência, levando você a pular de galho em galho, sem chegar a lugar nenhum. Quando esse padrão de sofrimento emocional está ativo, você se torna uma pessoa que, por mais bem intencionada que seja, começa uma mudança, mas, muitas vezes, não consegue ir até o final. Isso acontece não por culpa sua, mas por causa desse padrão de sofrimento emocional, que rouba sua força e drena sua energia.

Quando a distração está ativa, você acaba sofrendo com a procrastinação e permitindo que o mundo lá fora determine sua rotina e agenda: você se torna muito disponível para os outros, para a vida dos outros, e não consegue manter o foco na sua vida. Quando vai ver, o dia chegou ao fim e você não conseguiu fazer nada daquilo que gostaria de ter feito.

Esse padrão de sofrimento ativo faz com que você duvide do seu poder. Você se esforça cada vez mais, faz cada vez mais coisas, mas produz cada vez menos, tem resultados inferiores aos que você gostaria de alcançar e, por conta disso, não consegue se sentir feliz. Então, faz ainda mais coisas, se ocupa ainda mais, perde ainda mais o foco... e o ciclo não tem fim.

Isso é tão sério que, além do Atma Healing, eu sempre recomendo para os meus alunos a importância de uma Mente Serena, com menos ansiedade e mais paz interior. Por isso, se você quiser saber mais sobre este assunto, recomendo o Desafio Mente Serena e o App Namastê®. Para saber tudo sobre isso, acesse o QR Code da página 217 deste livro.

Cura **da Alma**

MANTRA:
Se você não bloquear as distrações da sua vida, elas irão bloquear você.

Faça agora a sua ativação Atma Healing 4 Ar (disponível na Parte 3 deste livro)

Depois, anote no espaço a seguir como você se sentiu e quais foram os seus principais insights durante essa prática:

_____
_____
_____

Semana 1

✦ Dia 5: **Rigidez**

O padrão de sofrimento emocional da rigidez está ativo quando você se torna uma pessoa excessivamente rígida, sem se permitir fazer ajustes de rota quando eles forem necessários.

A rigidez é um padrão de sofrimento emocional do elemento terra. A terra, como você sabe, é estável, firme, traz segurança e conforto para a semente germinar e brotar. Quando se torna seca e rígida, ela perde seu potencial de fertilidade, e assim acontece na nossa vida quando esse padrão de sofrimento emocional está ativo.

A rigidez faz com que você fique preso a uma rotina, sempre fazendo as mesmas coisas do mesmo jeito.

Amanda **Dreher**

Mudar o caminho do trabalho, fazer um jantar diferente, viver novas experiências são coisas completamente fora de cogitação para você, que está sempre fazendo as mesmas coisas com as mesmas pessoas.

Vida é movimento, crescimento, transformação. Hoje você já não é mais o mesmo de ontem, pois suas células estão se renovando o tempo todo. Logo, se você não tem pessoas novas na sua vida, se coisas novas não estão acontecendo e novas oportunidades não estão surgindo, é porque, de alguma forma, esse padrão de sofrimento emocional está ativo.

A rigidez torna a sua vida seca e estéril, pois esse padrão de sofrimento emocional desalinha você da sua essência, do seu Atma, e bloqueia o fluxo do amor incondicional, o amor puro e verdadeiro, isento de julgamentos. Esse padrão faz com que você seja duro demais consigo mesmo, com os outros e com a vida, e quando você se torna duro demais, a vida também se torna dura demais!

A rigidez cria uma espécie de resistência psicológica: quando alguma ideia vai contra o que você acredita ou pensa, você experimenta uma sensação estranha que te paralisa e te impede de pensar racionalmente e analisar as coisas em perspectiva. Quando esse padrão de sofrimento emocional está ativo, você não se permite flexibilizar seus planos, não se permite mudar de ideia, de opinião, e essa rigidez gera em você uma tensão emocional e vibracional tão grande que bloqueia o seu poder de atração: você se esforça, faz tudo direitinho e não consegue ter o resultado que deseja. No seu processo de cura e de evolução, você vai precisar mudar e ser mais flexível consigo mesmo, com seus planos e com as outras pessoas, pois só assim o movimento da vida poderá fluir novamente.

Uma coisa fundamental precisa ser dita: você pode e deve ter planos para o seu futuro, lógico que sim! Eles são essenciais, porque ditam a sua direção. Você também pode ter uma rotina organizada para ser mais produtivo e saber o que precisa fazer. O que você não pode é se engessar na sua rotina e nos seus planos, sem reconhecer os sinais de ajuste de rota que o Universo e a vida enviam para você. Uma rotina é tão importante que, sem ela, você acaba se tornando vítima do padrão de sofrimento emocional da distração, que vimos ontem. O importante é saber encontrar o ponto de equilíbrio, o caminho do meio.

Normalmente, quem tem o padrão de sofrimento emocional da rigidez ativo afirma que não o tem e entra em negação. Contudo, lembre-se de que os padrões de sofrimento emocional estão no seu subconsciente, logo, você não tem consciência deles. Mas, então, como saber se você tem esse padrão?

É muito comum que a pessoa com esse padrão de sofrimento emocional ativo apresente tensão no pescoço, nos ombros, nas escápulas, além de rigidez muscular: o corpo está sempre tenso, duro; você quer fazer um alongamento, mas a mão não chega lá no pé... Rigidez. A flexibilidade tem muito menos a ver com a sua idade e com o seu peso, e muito mais a ver com a sua atitude mental. Nós aprendemos a ver corpo e mente como duas coisas separadas quando, na verdade, eles fazem parte de um mesmo mecanismo: você. Logo, tudo o que você pensa e sente interfere na saúde do seu corpo físico, e tudo o que você faz com seu corpo físico interfere na saúde da sua mente.

A rigidez também te impede de aceitar outros pontos de vista, diferentes do seu. Você está sempre certo e os outros estão sempre errados. Sua opinião é sempre a melhor e, por isso, você tem uma grande necessidade de impor aquilo que pensa.

Quando eu olho para a minha vida, vejo como existe tanta coisa que, antes, eu pensava que só poderia ser de um jeito, mas que hoje eu percebo de uma forma completamente diferente. Isso aconteceu porque eu entendi que naquele momento do passado aquele era o meu ponto de vista, e não há nada de errado em mudá-lo com o tempo, porque eu estudei mais, aprendi coisas novas e evoluí.

Para desativar o padrão de sofrimento oculto da rigidez, é importante que você consiga entendê-lo, pois só assim evitará que ele o aprisione numa rotina sem ajuste de rota e com ideias ultrapassadas. Por isso, procure analisar a sua vida agora.

Faça uma pausa, feche os seus olhos e seja honesto: em quais momentos e áreas da sua vida você percebe que está sendo rígido demais? Talvez em um relacionamento amoroso, ou no relacionamento com os filhos? Talvez ao planejar suas férias ou seus finais de semana? Talvez com algumas ideias e projetos profissionais? Talvez na sua alimentação, sem se permitir experimentar algo novo, melhorando-a para algo mais saudável e compatível com a sua idade? Talvez na sua forma de se vestir, guardando roupas de anos atrás que nem combinam mais com quem você é hoje, ou usando as mesmas roupas de sempre, sem se permitir variar?

Continue, vá fundo nessa linha de raciocínio e pense em outros exemplos. Procure identificar de que forma e em quais áreas da sua vida esse padrão de sofrimento ativo pode estar bloqueando sua energia. Talvez você não tenha todas as respostas agora, mas fique atento que ao longo do dia a sua mente irá mostrar a resposta.

Permita-se ter a liberdade de ser a sua essência no seu potencial máximo!

MANTRA:
Quanto maior a tensão emocional, menor a atração vibracional.

Faça agora a sua ativação Atma Healing 1 Terra (disponível na Parte 3 deste livro)

Depois, anote no espaço a seguir como você se sentiu e quais foram os seus principais insights durante essa prática:

_____

_____

_____

Semana 1

✧ Dia 6: **Não merecimento**

O padrão de sofrimento emocional do não merecimento faz parte do grupo do elemento água. Ele rouba seu brilho, sua luz, fazendo com que, aos poucos, você se torne invisível. Sim! Esse padrão te faz esquecer do ser incrível e extraordinário que você é, ao afastá-lo da sua Identidade da Alma, da sua essência.

Quantas vezes na sua vida você deixou de ser a pessoa incrível e maravilhosa que é, ocultou seu jeitinho único e especial de ser, deixou de fazer e falar o que gostaria porque esse padrão de sofrimento emocional estava ali, determinando silenciosamente o seu comportamento?

Olhando para a minha história de vida, acredito que esse padrão de sofrimento emocional foi o que mais me bloqueou até hoje. Se eu fosse compartilhar aqui todas as situações em que hoje consigo olhar para trás e perceber o não merecimento me bloqueando, este livro teria centenas de páginas recheadas,

Amanda Dreher

desde relatos simples, como eu não me permitir comprar uma roupa, até histórias como eu não me aproximar de algumas pessoas com as quais eu gostaria de ter um relacionamento.

Para que você entenda melhor o quanto esse padrão é silencioso e sutil, vou compartilhar uma dessas histórias aqui.

Quando escrevi o meu primeiro livro, *Meditar Transforma*, fui convidada pela Livraria Saraiva para realizar uma sessão de autógrafos em algumas capitais. Eu sempre costumo autografar meus livros com uma caneta comum, mas, como se tratava de um evento especial, minha editora quis me dar um presente.

Qual o melhor presente que um escritor poderia ganhar? Sim, uma caneta! Linda! Naquela noite, antes de começar a sessão de autógrafos, eu ganhei de presente a caneta mais linda que eu já havia visto, e fiquei muito feliz e emocionada com aquele gesto. Eu autografava os livros e muitos leitores faziam comentários sobre como aquela caneta era linda.

Quando cheguei em casa, sabe o que fiz? Eu guardei a caneta! Sim, guardei a caneta e não a usei mais, até que, certo dia, percebi esse padrão de sofrimento emocional ativo, pois, naquela hora, eu havia pensado: "Esta caneta é tão boa e tão incrível que eu vou guardá-la para algo bom!". Eu aprendi isso na minha infância: quando você tem uma coisa boa, deve guardar para algo bom. Quando tem uma roupa boa, você não a veste para ficar em casa; você espera para usá-la em uma ocasião especial. E assim acontece com tantas outras coisas.

Agora, pense na sua vida. Existem coisas que você deixa guardadas e não usa?

Quando você age assim, a mensagem que está mandando para o Universo é que você não merece o melhor. E se você sente ou acredita que não merece o melhor, o Universo também irá acreditar nisso.

Cura da Alma

Você merece ser amado e valorizado. Merece as melhores oportunidades. Merece ter uma saúde incrível. Merece ter um trabalho que você ama e prosperidade financeira. Merece realizar tudo aquilo que o seu coração sonhar.

A vida é abundante e generosa. Permita-se entrar no Alinhamento Vibracional Máximo com essa energia de abundância e generosidade. Dê o seu melhor para a vida e sinta-se merecedor de receber o melhor dela. Não aceite o menos, quando você pode e merece ter mais. Não aceite o "está bom assim" quando, no fundo do seu coração, você gostaria de mais.

Ame-se mais, valorize-se mais, sinta que você merece o melhor, pois você é uma extensão do Divino Criador, você é a Energia Essencial em ação, você importa. O amor e o valor que você se dá é o exato valor e amor que o mundo lá fora e as outras pessoas irão te dar.

Quando estiver em casa, não vista sua roupa velha, se arrume para você. Você é a pessoa mais importante da sua vida.

Quando for comer algo e estiver sozinho, não faça qualquer coisa de qualquer jeito só porque é apenas para você. Faça o melhor para você.

Quando for comprar algo para você, não escolha apenas pelo mais barato, mas, dentro da sua atual condição financeira, permita-se escolher o que você deseja.

Você merece ser bem cuidado, e a primeira pessoa que vai cuidar e amar você é você mesmo. Lembre-se sempre: se o seu coração sonhar, você merece realizar!

Sim, se o seu coração sonhar, você merece realizar, você tem o dever de realizar e você é capaz de realizar!

Amanda **Dreher**

MANTRA:
Se meu coração sonhar, eu mereço realizar, eu sou capaz de realizar, eu tenho o dever de realizar!

Faça agora a sua ativação Atma Healing 2 Água (disponível na Parte 3 deste livro)

Depois, anote no espaço a seguir como você se sentiu e quais foram os seus principais insights durante essa prática:

_____

_____

_____

Semana 1

✧ Dia 7: **Crítica e reclamação**

O padrão de sofrimento emocional da crítica e reclamação é muito perigoso. De todos os 28 padrões que estamos vendo, talvez esse seja o que mais drena a sua energia e reduz sua vibração — e o pior, sem que você perceba.

Talvez você afirme mentalmente para si mesmo agora: "Ah, esse padrão oculto eu não tenho!". Mas a minha experiência comprova que a grande maioria das pessoas vive com esse padrão de sofrimento emocional ativo, seja em maior ou menor grau.

O pesquisador Dr. Rick Hanson, autor do livro *O cérebro e a felicidade*, afirma que "O cérebro é como velcro para experiências negativas e como teflon para coisas positivas". É por isso que desativar esse padrão oculto é um processo contínuo.

O padrão de sofrimento emocional da crítica e da reclamação diminui sua vibração e trava a sua vida, bloqueando a prosperidade, a felicidade e a realização.

Tudo no Universo é energia, e essa energia se movimenta em forma de onda, que se movimenta e produz uma determinada frequência vibratória. Existe uma escala de vibração no Universo que vai do medo ao amor e, segundo as leis naturais que regem o funcionamento da vida, você emite uma vibração e irá atrair para a sua vida mais dessa mesma vibração. Esse é o resumo da Lei da Atração Vibracional e da Lei do Semelhante.

Pensamentos e sentimentos de coragem, confiança, gratidão, alegria e amor revelam um estado de alinhamento vibracional em que as coisas dão certo para você, em que você é capaz de criar e realizar a vida de abundância com a qual sonha e tanto merece. Pensamentos e sentimentos de dúvida, crítica, reclamação, raiva ou medo revelam um estado de desalinhamento vibracional: sua vida trava e você entra em um modo reacional, tentando dar conta de tudo e sem conseguir criar a vida que deseja.

Você está emitindo uma determinada vibração para o Universo o tempo todo, e essa vibração é formada pelos seus pensamentos e sentimentos, sendo que os sentimentos têm um poder vibracional, uma força eletromagnética 5 mil vezes maior que o pensamento.

O pensamento emite energia elétrica, e comunica para o Universo o que você deseja. O sentimento, por sua vez, emite energia magnética e tem o poder de atrair para a sua vida o que você deseja.

Por isso, de nada adianta você pensar positivo, estudar e buscar novos conhecimentos se, lá no fundo, nas camadas mais profundas da sua mente, o seu sentimento é negativo e você está cheio de padrões de sofrimento emocional que roubam sua energia e bloqueiam sua vibração. Estudar e conhecer os padrões de sofrimento emocional que existem é importante, mas tão importante quanto isso é fazer as ativações Atma Healing, que atuam no seu subconsciente modificando o registro emocional gravado no seu corpo e na mente.

O sistema de ativações Atma Healing foi desenvolvido para ativar o seu Alinhamento Vibracional Máximo e, assim, permitir que você destrave a sua vida e mantenha sua vibração elevada. Os resultados que você está tendo hoje são uma consequência da sua vibração nos últimos anos, meses, semanas e dias. O que você vai criar no seu futuro será uma consequência da vibração que você está emitindo hoje, no seu presente.

Agora, voltando ao padrão de sofrimento da crítica e da reclamação, esse padrão de sofrimento emocional está bem no final da escala de vibração, e quando ele está ativo, atua como se fosse um ralo de energia, ou seja, não adianta você fazer técnicas ou práticas para tentar elevar sua vibração sem, antes, desativar esse padrão.

Deixe-me explicar melhor: você faz as suas práticas e técnicas para cuidar da sua energia e elevar sua vibração, mas sente que não consegue ter os resultados que gostaria. Isso acontece porque, se você sai do seu momento de prática e entra na crítica e na reclamação, tudo irá escorrer pelo ralo, como um saco furado, entende?

A grande maioria das pessoas com esse padrão de sofrimento emocional ativo não sabe que o tem, pois ele é muito sutil. Essas pessoas sempre acham algo errado, sempre enxergam os defeitos e sempre irão focar neles. E quanto mais você reclama e critica, de forma inconsciente, você mesmo, as outras pessoas, as situações, os lugares... mais o Universo irá mandar motivos

Cura da Alma

para você reclamar e criticar. Um padrão de sofrimento emocional ativo é como um ímã, atraindo mais daquilo para a sua vida.

Tem uma história que eu gosto muito e quero compartilhar aqui com você. Um casal de velhinhos que passou a vida inteira juntos estava em um hospital. A mulher estava sentada na cadeira próxima à janela, e o homem, deitado na cama com aquele lençol fininho e cheio de aparelhos. Ela sabia que tinha chegado o momento da despedida, da partida do amor da sua vida, e olhava para fora enquanto agradecia o privilégio de ter compartilhado sua vida com aquele homem tão incrível, por ter tido tantos momentos de amor para lembrar.

De repente, ela ouve um sussurro: era ele chamando. Ele pede a ela para se aproximar ainda mais, pois o que ele tinha para falar era muito importante e aquelas seriam suas últimas palavras. Ele, então, reúne suas últimas forças e fala para ela, bem baixinho: "Todos os dias quando você acorda e tira a cabeça do travesseiro, você já tem tudo o que você precisa para ser feliz!"

Sim, você já tem tudo o que você precisa para ser feliz!

MANTRA:
Eu já tenho tudo o que preciso para ser feliz!

Faça agora a sua ativação Atma Healing 3 Fogo (disponível na Parte 3 deste livro)

Depois, anote no espaço a seguir como você se sentiu e quais foram os seus principais insights durante essa prática:

_____
_____
_____

Amanda **Dreher**

Semana 2

✦ Dia 1: **Racionalização**

O padrão de sofrimento emocional da racionalização pertence ao grupo do elemento ar, e faz você duvidar daquilo que não é comprovado, faz você precisar ver para crer, e isso é muito sutil. Muitas vezes você acha que acredita, mas, lá no fundo, está sempre questionando e racionalizando tudo o que acontece.

Quando o padrão de sofrimento emocional da racionalização está ativo, você tem muita dificuldade para perceber o seu processo de transformação e cura. Às vezes, as outras pessoas percebem sua mudança e você não, pois não consegue identificar os pequenos sinais de mudança que te fazem chegar na grande transformação desejada.

Uma mudança, uma transformação, é um processo, um caminho, e entre o "nada aconteceu" e o "tudo aconteceu", existe o "está acontecendo". Para ir do zero ao cem, você precisará passar pelo um, pelo dois, pelo três… E se você não for capaz de reconhecer essas mudanças sutis, é bem provável que desista no meio do caminho.

Você sabe que o padrão de sofrimento emocional da racionalização está ativo quando sente muito cansaço mental, chega no final do dia e não consegue mais pensar em nada. Isso acontece porque esse padrão oculto faz com que você use muito a sua mente racional e expresse pouco da sua essência.

A racionalização gera um esgotamento mental que impede você de ter novas ideias, e isso acontece porque você perdeu o seu alinhamento e simplesmente não consegue mais acessar a sua essência, o seu Atma.

Cura da Alma

O padrão de sofrimento emocional da racionalização te leva a questionar se as coisas estão realmente dando certo, se tudo está realmente funcionando, e, ao agir assim, você bloqueia o processo, pois a racionalização impede que a mente esteja aberta ao fluxo do Universo.

Quando o padrão de sofrimento emocional da racionalização está ativo, você gasta muita energia tentando controlar o processo, se preocupando com o COMO, quando, na verdade, tudo o que você precisa é focar no que você quer, no que deseja, na sua transformação, fazer a sua parte e soltar, confiando que o Universo fará a parte dele. Você lembra do mantra do dia em que estudou o padrão de sofrimento emocional da rigidez? Quanto maior a tensão emocional, menor a atração vibracional!

A racionalização vai bloquear tudo na sua vida, inclusive o seu processo de cura e transformação, pois fará com que você queira ter todas as respostas e enxergar o caminho completo. O problema, porém, é que você nunca conseguirá enxergar o caminho completo, pois não temos controle sobre tudo. Portanto, ou você aprende a confiar no Universo e vai para um próximo nível, ou vai andar em círculos a vida toda.

Para desativar esse padrão de sofrimento emocional, é preciso viver com a confiança inabalável de que as coisas já deram certo, mesmo que o certo não seja o "seu certo". É você ser grato pela sua atual realidade, sentindo que ela já é real dentro de você.

Quando o padrão de sofrimento emocional da racionalização está ativo, você não consegue ouvir a voz da sua intuição. Se ela surgir como um lampejo de uma intuição, você logo irá racionalizar, analisar, questionar.

Sua intuição é o seu guia interno, aquele que te dá todas as respostas. Ela vem de repente, quando sua mente está relaxada, e muitas vezes fica difícil percebê-la quando a racionalização está ativa, pois você não consegue perceber a intuição, tampouco o fato de que todas as respostas que você procura estão dentro de você, e não do lado de fora.

Intuição é tudo aquilo que você sabe que sabe, mas não sabe como sabe.

Você encontra suas respostas quando se alinha com a sua essência, com o seu Atma, permitindo que a voz do seu Eu de Verdade se manifeste.

Quando você ativa e se conecta com a sua intuição, começa a ter ações inspiradas e sabe exatamente o que precisa fazer, pois você entra no fluxo, ou seja, em Alinhamento Vibracional Máximo.

MANTRA:
Eu confio na minha intuição.

Faça agora a sua ativação Atma Healing 4 Ar (disponível na Parte 3 deste livro)

Depois, anote no espaço a seguir como você se sentiu e quais foram os seus principais insights durante essa prática:

_____
_____
_____

Semana 2

✧ Dia 2: **Teimosia**

O padrão de sofrimento emocional de hoje é a teimosia. Assim como a rigidez, ela não te permite fazer ajustes de rota quando necessário, pois bloqueia qualquer processo verdadeiro de mudança.

Quando esse padrão está ativo na sua vida, você passa a andar em círculos, sofrendo por anos, ou décadas, com um mesmo problema. Você até tenta mudar e fazer diferente, e até chega a achar que conseguiu, mas não, pois logo percebe que está tendo os mesmos resultados. Isso acontece porque a sua mente está fechada, limitada, sem conseguir enxergar além.

Muitas pessoas confundem teimosia com persistência. Eu mesma, em muitos momentos da minha vida, acreditei que estava sendo persistente quando, na verdade, era pura teimosia.

Alguns anos atrás, numa conversa em um grupo de negócios, eu estava contando como havia me esforçado para terminar a faculdade de Administração de Empresas, pois eu não gostava do curso e não estava disposta a atuar na área. Enquanto eu me gabava da minha persistência, fui surpreendida pela seguinte pergunta: Você é persistente mesmo ou só é teimosa?

Foi então que percebi que eu havia dedicado meu tempo, energia e dinheiro em algo que eu não gostava e não iria utilizar. Persistência ou teimosia?

Deixe-me contar uma história, uma parábola, da qual talvez você já conheça a primeira parte, mas provavelmente não deve conhecer a segunda:

Amanda **Dreher**

Duas moscas estavam voando, até que viram, na bancada da cozinha, um copo de leite e ficaram muito empolgadas. Aquele copo de leite era tudo o que elas queriam! Só que a empolgação foi tanta que elas acabaram caindo dentro do copo.

A primeira mosca era fraquinha e logo que começou a bater as patinhas no leite ficou cansada e desistiu. A segunda mosca, tenaz e persistente, continuou firme, batendo as patinhas no leite sem parar, e de tanto persistir no movimento, acabou formando um nódulo de nata no leite, no qual ela pôde se apoiar para subir e sair voando.

Esta é a primeira parte da história, e é bem provável que você já a conheça. Agora vem a parte 2:

Tempos depois, a mosca tenaz e persistente encontrou, na bancada da cozinha, um copo com água, e nesse copo havia um canudo. Ela, que estava com muita sede, foi beber um pouco da água do copo, mas, por descuido, caiu dentro dele.

A mosca ficou ali, se debatendo no copo com água por um tempo, e pensou: "Isso já aconteceu comigo uma vez. Eu só preciso continuar batendo as minhas patinhas e conseguirei sair daqui". Ela só não sabia, porém, que aquele era um copo com água, e não com leite.

Outra mosca que estava passando por ali viu a aflição dela e disse: "Mosca, minha amiga, ali ao seu lado tem um canudo, veja! Vá até lá e suba por ele".

Mas a mosca tenaz, persistente e teimosa respondeu: "Não, muito obrigada. Eu sei muito bem como sair daqui, só preciso continuar batendo as minhas patinhas que vou conseguir".

E assim, ela ignorou o conselho da outra mosca e continuou se debatendo até perder completamente as suas forças e se afogar, assim como aconteceu com a mosca que estava com ela dentro do copo de leite.

Moral da história: Persistência e teimosia são uma questão de foco.

A persistência olha para o resultado. A pessoa persistente não se importa com o processo, com o modo como as coisas vão acontecer, pois ela tem um foco e um objetivo definido, e irá fazer tudo o que estiver ao seu alcance para conquistá-lo, inclusive realizar mudanças no meio do caminho.

A teimosia olha para o processo, e não para o resultado, e muitas vezes a pessoa teimosa nem sabe por que está fazendo aquilo, pois não se permite ser flexível durante o processo.

Se você tem um objetivo claro e sabe aonde quer chegar, então a persistência é a força que o fará alcançar seus objetivos. Algumas vezes será preciso fazer algumas adaptações ao processo para acompanhar as mudanças do Universo, mas você seguirá firme nesse fluxo, determinado a conquistar o que deseja. Isso é ser persistente.

Com a teimosia, você não sabe ao certo aonde quer chegar, mas vai mesmo assim. Você faz as coisas sem se perguntar o porquê de estar fazendo aquilo, pois você precisa simplesmente fazer algo, se ocupar, ser útil. Então, você faz, faz, faz, e se ocupa demais sem saber o porquê, sem ter um propósito.

O padrão de sofrimento emocional da teimosia surge quando você não conhece sua Identidade da Alma e está desalinhado com a sua essência, o seu Atma. Esse padrão oculto leva você a focar no como, no processo, sem se permitir realizar os ajustes de rota que se fizerem necessários. Logo, sempre que houver teimosia, as coisas não irão fluir.

Amanda **Dreher**

    Agora, pare e pense: você está sendo teimoso ou persistente? Em quais situações você é teimoso? Em quais situações você é persistente? Pode ser que você esteja sendo teimoso em algumas situações ou áreas da sua vida e persistente em outras.

    A Lei da Evolução Constante diz, resumidamente, que tudo no Universo está se transformando, crescendo, evoluindo. Se você observar a natureza, as árvores e as plantas, por exemplo, verá que elas... sempre estão em movimento, crescendo, se transformando, perdendo as folhas velhas para que novas folhas venham, ou seja, elas estão sempre se renovando, em evolução, mas, a partir do momento em que param de crescer, ocorre um movimento inverso, e o processo de morte se inicia. É o ciclo natural da vida: começo, meio e fim. No entanto, vale lembrar que na natureza nada se perde, tudo se transforma, e por isso todo fim é também um começo.

    O mesmo acontece com você: ou você está crescendo, expandindo, evoluindo e prosperando, ou está morrendo — e a pior morte que pode existir é a morte em vida. Se você sente que a sua vida está travada e que você parou no tempo, está ficando para trás, pois o Universo continua evoluindo. Portanto, ficar parado não pode ser uma opção.

    Não existe nada parado, a vida é movimento e nós estamos aqui para ativar cada vez mais esse movimento de crescimento. Essa força de evolução ocorre em torno de uma espiral, assim como tudo na natureza. Nessa espiral, o centro é a sua essência, o seu Atma, o seu Eu de Verdade, e em torno dele é que o movimento começa: na base existe uma distância muito maior do que no topo.

    À medida que você busca novos conhecimentos e evolui, sua consciência vai se expandido e você vai alcançando novos níveis, tornando-se cada vez mais alinhado à sua essência, ao seu Atma.

Cura **da Alma**

Quanto mais você expande a sua consciência, menos chance tem de se afastar da sua essência. Além disso, também adquire mais clareza, força e sabedoria para enfrentar os problemas, desafios e dificuldades do caminho.

É assim que ocorre a expansão da consciência, dentro da Lei da Evolução Constante. Nesse processo, o importante é crescer, aprender, prosperar e seguir nessa espiral de evolução. Sempre em movimento. Sempre em busca do próximo nível. Sempre persistente, nunca teimoso. Sempre aberto às mudanças, ao novo, se permitindo fazer os ajustes de rota necessários. Sempre focado no seu objetivo final. Aproveite a jornada!

MANTRA:
Não é se der certo, é até dar certo.

Faça agora a sua ativação Atma Healing 1 Terra (disponível na Parte 3 deste livro)

Depois, anote no espaço a seguir como você se sentiu e quais foram os seus principais insights durante essa prática:

_____
_____
_____

Semana 2

✧ Dia 3: **Dependência emocional**

O padrão de sofrimento emocional da dependência emocional pertence ao elemento água, e faz com que todas as suas verdadeiras emoções e sentimentos fiquem represados, impedindo você de ser espontâneo e natural, de ser quem você é de verdade.

É como se você buscasse nos outros a aprovação para ser quem é quando, na verdade, ela está dentro de você, e é isso que faz esse padrão de sofrimento emocional ser tão grave: ele gera em você um sentimento de insatisfação e insuficiência, levando-o a viver numa constante escassez emocional.

Com base na minha experiência profissional, percebo que as mulheres são a grande maioria entre aqueles que têm esse padrão ativo.

Eu mesma já sofri durante muitos anos com o padrão de sofrimento emocional da dependência emocional, e pude constatar que esse padrão oculto sustenta vários outros. Por isso, a partir do momento que você consegue desativar a dependência emocional, você também desativa vários outros padrões em um efeito dominó.

Mas antes de analisarmos as particularidades desse padrão de sofrimento emocional, deixe-me fazer algumas perguntas:

1. Quantas vezes você disse sim quando, na verdade, queria dizer não? Pense em todas as vezes em que você fez coisas que não eram o que gostaria de ter feito, mas sim o que os outros esperavam que você fizesse.

Cura da Alma

2. Quantas vezes você fez algo somente para agradar os outros, em vez daquilo que realmente desejava fazer?

3. Quantas vezes você deixou de falar o que pensa ou sente, de expor o seu ponto de vista, para não correr o risco de desagradar alguém?

4. Quantas vezes você sorriu e fez de conta que estava tudo bem quando, na verdade, você estava chorando por dentro?

5. Quantas vezes você permitiu que a opinião dos outros fosse mais valiosa e importante do que a sua?

6. Quantas vezes você permitiu que os outros projetassem em você suas próprias expectativas, influenciando e determinando o que você faz?

7. Quantas vezes você tentou se enquadrar em modelos prontos, e cumpriu regras estúpidas, apenas para ser aceito e receber migalhas de amor?

O padrão de sofrimento emocional da dependência emocional é o que mais poda a sua liberdade, tira o brilho dos seus olhos e impede você de ser o seu Eu de Verdade, de manifestar a sua essência e de ser do jeitinho único e especial que você é.

Você já passou pela experiência de estar em uma roda de conversa e ser completamente ignorado quando tentava falar algo, como se você nem estivesse ali? Isso acontece porque você está sem brilho, sem luz. Assim como o padrão de sofrimento emocional do não merecimento, a dependência emocional vai, pouco a pouco, deixando você invisível: ela rouba a sua voz e você fica sem nenhum poder de atração vibracional.

Sem forças e sem poder de atração vibracional, você não consegue atrair novas oportunidades pessoais e profissionais. Você quer um novo relacionamento, é uma pessoa vaidosa e querida, mas, mesmo assim, não consegue atrair alguém legal. Você quer um novo trabalho, mas por mais que estude e se dedique, não consegue encontrar um emprego que te preencha e valorize o seu potencial.

A dependência emocional faz com que você se esqueça de quem é de verdade. Ao se olhar no espelho, você não se reconhece, e também não sabe mais quais são os seus sonhos e o que te faz feliz. Com o passar do tempo, esse distanciamento da sua essência, do seu Atma, vai gerando uma espécie de vazio, uma insatisfação com a vida, e isso leva você a se esforçar ainda mais para agradar os outros, ser querido e aceito. Com isso, você se torna cada vez mais dependente emocionalmente dos outros, acreditando que os seus resultados determinam quem você é. Quanta ilusão! E que grande armadilha, querido leitor!

Quando esse padrão de sofrimento emocional está ativo, ninguém mais reconhece o seu valor. Quando você faz tudo pelos outros, recebe amor e reconhecimento, mas quando não cumpre com as expectativas que os outros têm a seu respeito, recebe rejeição e críticas. Que tipo de amor é esse? Nenhum, pois isso não é amor. É apenas um amor condicional, e não o verdadeiro amor, que é incondicional.

A dependência emocional leva você a fazer tudo pelos outros e nada por você. Você não consegue reconhecer o seu valor. O valor que você se dá é exatamente o valor que outros dão para você, e o amor que você se dá é exatamente o amor que outros dão para você.

A dependência emocional revela uma falta de confiança em si mesmo e uma autoestima muito baixa, pois como não consegue se amar e se achar incrível, você, inconscientemente, busca esse reconhecimento e amor nos outros.

Você também não consegue reconhecer seus talentos e habilidades, não sabe no que é bom porque depende emocionalmente dos outros para se sentir amado, feliz e especial. Esse amor e reconhecimento que você busca lá fora deve vir de dentro de você, e conhecer a sua Identidade da Alma e os seus 5 códigos do seu Mapa da Alma® ajudará a acelerar o processo de desativação desse padrão de sofrimento emocional.

Quando você desativa esse padrão oculto, passa a desfrutar da maior liberdade de todas, que é a liberdade de ser quem você é de verdade, sem medo de julgamentos, cobranças, críticas, rejeição ou do que os outros vão pensar. Isso é o que acontece quando você ativa o seu Alinhamento Vibracional Máximo.

MANTRA:
Ao dizer SIM para os outros quando queria dizer NÃO, você diz NÃO para a pessoa mais importante do mundo: VOCÊ!

Faça agora a sua ativação Atma Healing 2 Água (disponível na Parte 3 deste livro)

Depois, anote no espaço a seguir como você se sentiu e quais foram os seus principais insights durante essa prática:

_____
_____
_____

Amanda **Dreher**

Semana 2

✧ Dia 4: **Oscilação**

Todos os dias, eu recebo muitas mensagens com os seguintes questionamentos: Como faço para não sentir medo? Como faço para não sentir raiva? Como faço para estar sempre com a energia em alta?

Perguntas como essas mostram o quanto estamos expostos a uma ditadura da ilusão da perfeição. A minha resposta é uma só: não tem como. Infelizmente, essa pílula mágica não existe.

Se você é um ser humano assim como eu, fato é que haverá momentos em que você irá sentir medo, raiva, tristeza, mágoa… O dia em que não sentirmos mais nada disso, teremos nos tornado seres de luz e não precisaremos mais dessa experiência material.

Enquanto isso não acontece, nosso trabalho continua sendo o de aceitar e acolher os sentimentos negativos e as oscilações emocionais. Precisamos aceitar a dualidade da vida, a nossa própria dualidade e a dualidade de todos os seres humanos. Luz e sombra, positivo e negativo, medo e amor, bom e mau, quente e frio, dia e noite, feminino e masculino… Um precisa do outro para existir.

Você sabe quando está positivo porque tem o contraste do negativo, e vice-versa. Essa é a dualidade. Em alguns dias você estará mais cansado, e em outros terá mais energia. Em alguns dias você vai ficar mais triste, e em outros, mais alegre. Em alguns dias você vai ficar mais confiante, e em outros, com algumas dúvidas. Quando a vibração está baixa, podemos fazer uma escolha:

1. NEGAR ESSE SENTIMENTO NEGATIVO, FAZENDO DE CONTA QUE ESTÁ TUDO BEM, MESMO QUANDO NÃO ESTÁ. Isso, porém, não resolve o problema; é como colocar um curativo sobre uma ferida suja e infectada, acreditando que, se fingir que não viu, tudo estará resolvido.

2. SENTIR CULPA POR TER ESSE TIPO DE SENTIMENTO NEGATIVO. Culpar-se por não querer sentir raiva, medo ou tristeza, lutando contra o sentimento, também não adianta. Lembra-se do foco de cura vibracional, que expliquei no início da Parte 2?

Quanto mais você luta contra algo, mais aquilo se fortalece em você, porque mais energia você coloca ali.

Então o que fazer?

A questão não é não ter mais sentimentos negativos e não oscilar mais, mas, sim, diminuir a oscilação e saber o que fazer para elevar sua vibração quando você oscilar.

Por muito tempo, na minha vida, eu busquei o equilíbrio perfeito, achando que quando eu e meu marido alcançássemos nossa meta financeira tudo seria perfeito e viveríamos felizes para sempre. Obviamente, descobrimos que não é bem assim que funciona.

Pense nos enredos dos livros e filmes: no começo da história, o herói precisa lidar com um conflito, um desafio, e para isso ele faz várias coisas, conhece pessoas que o ajudarão a solucionar aquele conflito e, quando tudo fica bem, a história chega ao fim. É ou não é assim?

O mesmo não acontece na sua vida, pois sempre irão existir desafios a serem superados e problemas a serem resolvidos. E atenção: se neste momento você não tem nenhum problema ou desafio para lidar, isso significa que você não está evoluindo, está preso na sua zona de conforto, andando em círculos, fazendo apenas o que lhe é confortável por medo do desconforto. No entanto, eu acredito, do fundo do coração, que não seja esse o seu caso, não é mesmo?

Ao longo da vida, os desafios vão surgindo e você vai superando cada um deles. Problemas e dificuldades não devem ser vistos como uma punição do Universo, mas sim como uma oportunidade para evoluirmos. Porque na vida existem dois caminhos para a evolução: ou você evolui pelo amor, ou evolui pela dor.

A vida é movimento, e o equilíbrio que buscamos não é estático. É como andar de bicicleta: se parar, você cai. O equilíbrio só vem quando você está em movimento, e o movimento é uma oscilação que tem altos e baixos.

A questão é que quando o padrão de sofrimento emocional da oscilação está ativo, o movimento é assim:

Quando esse padrão é desativado, a oscilação fica assim:

Cura **da Alma**

O Atma Healing tem como objetivo fazer com que a sua oscilação se torne cada vez menor e que os picos de altos e baixos das ondas das oscilações sejam cada vez mais curtos.

Quando a sua vibração estiver baixa, você pode e deve fazer a sua ativação Atma Healing para elevá-la imediatamente. Assim, ao invés de sofrer um dia inteiro, uma semana inteira, um mês inteiro com algo, você consegue encontrar uma solução e elevar sua vibração de forma imediata.

O objetivo do Atma Healing é justamente este: saber que você vai oscilar, mas que irá se levantar rápido porque agora já sabe o que fazer. Você está expandindo a sua consciência, entrando em alinhamento com a sua essência, o seu Atma, tem o conhecimento e as técnicas necessárias, e isso ninguém pode roubar de você, isso é seu para sempre.

Na vida todos oscilam, muitos caem, alguns se levantam, mas poucos se levantam rápido.

Quando o padrão de sofrimento emocional da oscilação está ativo, você acaba gastando muita energia. Algumas pessoas oscilam numa gangorra emocional o dia todo: uma hora estão bem, outra hora estão com raiva, depois estão tristes... Ninguém entende essas pessoas, inclusive elas mesmas, pois estão dominadas pelo padrão oculto da oscilação.

O padrão de sofrimento emocional da oscilação é ativado principalmente quando condicionamos nossa felicidade aos resultados e fatores externos: se tudo está como gostaríamos, então somos felizes, mas se nada estiver dando certo, então não estamos bem. Isso é um sinal claro de imaturidade emocional e espiritual. Seus resultados não definem quem você é. Sua felicidade é um estado interno, e não externo.

Agora, vou ensinar um exercício muito poderoso para que você, que sofre com o padrão de sofrimento emocional da oscilação, possa fazer junto com a sua ativação Atma Healing do dia.

O exercício é muito simples: crie uma lista de cinco âncoras de energia para que você possa utilizar sempre que sentir que a sua vibração está baixa.

Âncoras de energia são coisas que servem para aumentar sua vibração de forma imediata. São recursos que irão te elevar quando você oscilar, ativando a lembrança de algo positivo. As âncoras podem ser objetos, músicas, fotos ou lembranças.

Sempre que estiver vivendo dias difíceis, ou passando por momentos de desafios e sentir que a sua vibração está diminuindo, você deve usar as suas âncoras.

É muito importante que você crie sua lista de âncoras de energia quando estiver bem, com a sua vibração elevada, porque se deixar para fazer isso quando estiver na *bad*, sua mente não conseguirá sequer acessá-las.

Lembra da frase do Dr. Rick Hanson? "O cérebro é como velcro para experiências negativas e como teflon para coisas positivas". Portanto, você não pode esperar acontecer uma situação difícil para, então, tentar se lembrar de alguma coisa boa que te aconteceu. Faça agora a sua listinha de âncoras! Eu tenho algumas músicas e fotos que funcionam muito bem para mim. Descubra o que funciona para você.

MANTRA:
**Todos oscilam. Muitos caem. Alguns levantam.
Poucos levantam rápido.**

Faça agora a sua ativação Atma Healing 3 Fogo (disponível na Parte 3 deste livro)

Depois, anote no espaço a seguir como você se sentiu e quais foram os seus principais insights durante essa prática:

_____
_____
_____

Semana 2

Dia 5: Mentira

O padrão de sofrimento emocional da mentira é bem silencioso e difícil de reconhecer e admitir que está ativo. Contudo, enquanto formos seres humanos, acabaremos, de alguma forma, sofrendo com ele em determinados momentos.

Para começo de conversa, não existe mentira boba. Mentira é mentira. Isso posto, reflita comigo nas seguintes perguntas:

1. Quantas vezes você mente para si mesmo dizendo que está tudo bem quando, na verdade, não está?

2. Quantas vezes você faz coisas que não queria fazer só porque os outros esperam que você faça?

3. Quantas vezes você sorri para os outros ou posta uma foto feliz quando, por dentro, você está triste e sozinho?

4. Quantas vezes você se mostra forte quando está cansado?

Amanda **Dreher**

Vivemos, hoje, uma ditadura da perfeição, um mundo no qual as pessoas aparentam ter uma vida perfeita. E podemos cair nesta armadilha sem querer.

Algumas pessoas, por exemplo, costumam postar fotos de manhã cedo já na academia, bem *good vibes*, mas não contam, na legenda, que acordaram se arrastando, que dormiram mal à noite, que estão cansadas e agora precisam ir correndo para o trabalho do qual não gostam.

Assim como essas pessoas, algumas vezes nós também ficamos tentados a mostrar algo que não condiz com o que estamos sentindo internamente. Às vezes, temos vontade de chorar e não choramos, porque não é permitido chorar. Às vezes, temos medo e ignoramos, porque na vida não é permitido ter medo.

Lembro-me de uma situação que ocorreu em um retiro VIP que organizei no Sítio Viveka: uma das minhas alunas chorou de emoção quando eu fiz a interpretação do Mapa da Alma® dela, afinal, esta é de fato uma experiência muito profunda. Quando isso aconteceu, o marido dela, que também era aluno do retiro VIP, ficou superpreocupado e quis saber se ela estava bem. Ela estava apenas chorando de emoção por descobrir quem ela era de verdade, mas em nosso inconsciente está, há gerações, a ideia de que chorar não é bom, e por isso o marido dela se preocupou. Isso, infelizmente, nem precisou ser ensinado para nós.

Chorar, sentir medo, tristeza ou cansaço é visto como sinal de fraqueza, e por isso acabamos perdendo a nossa espontaneidade e não nos permitimos ser vulneráveis e externar o nosso Eu de Verdade. Na vida você não precisa ser forte, não precisa ser guerreiro, não precisa ser perfeito. Você só precisa ser quem você é de verdade, expressar os seus sentimentos, pensamentos e opiniões.

O padrão de sofrimento emocional da mentira não é apenas sobre as mentiras que contamos para as outras pessoas, para o mundo lá fora. É também sobre as mentiras que contamos para nós mesmos.

A pior mentira que existe é aquela que você conta para si mesmo! Quando você tenta ser algo que não é. Quando esconde e disfarça seus sentimentos sem buscar acolhê-los e curá-los dentro de você. As outras pessoas podem não saber quando você está mentindo, mas o Universo sempre sabe. Sua vibração não mente.

Quando falamos em mentir para os outros, costumamos falar: "Eu não minto, eu só me permito aquelas mentiras bobas". Como já foi dito, não existe mentira boba nem mentira pequena: mentira é mentira! Hoje em dia, as pessoas acham que contar uma "mentira boba" é melhor do que fazer a outra pessoa sofrer. Não! O melhor é você falar a verdade, na hora certa e com amor, mas não mentir.

Quando uma pessoa te pede alguma coisa e você prefere contar uma mentira para não ter que dizer não, significa que existe um padrão de sofrimento emocional da mentira ativo. Se uma pessoa se sente à vontade para te pedir algo, ou um favor, você também precisa ter a mesma abertura para dizer sim ou não. Se, por acaso, a pessoa ficar magoada ou ofendida com a sua resposta, o sentimento que ela tem com relação ao seu comportamento e ao que você disse é problema dela. É simplesmente impossível controlar as reações emocionais das outras pessoas, então pare de achar que você pode ter esse controle. O que os outros pensam e sentem é problema deles, e o que você pensa e sente é problema seu.

Toda vez que você conta uma mentira, isso causa uma ruptura no seu campo vibracional, um rompimento de aura. Quando isso acontece, a sua energia vaza por ali e você fica suscetível às interferências energéticas das outras pessoas. Está claro por que mentir é tão ruim? Não existe mentira grande ou pequena.

Amanda **Dreher**

Mentira é mentira, e é grave da mesma forma para a sua energia.

Avalie quais são as mentiras que você conta para você mesmo. E para os outros? Esse é um exercício que, como diria o amado Prof. Hermógenes, é um ato de "humildação". Se você acha que não mente nunca, vou pedir para você se observar nos próximos dias e ver o que descobre.

Durante nossa vida sempre temos que analisar se não estamos mentindo para nós mesmos, se estamos nos permitindo ser espontâneos e verdadeiros. Toda vez que você não estiver sendo espontâneo, é porque existe esse padrão oculto da mentira atuando de alguma forma na sua vida. Não é fazendo de conta que está tudo bem que vamos conseguir manter a força e a energia elevadas e resolver os nossos problemas. Está tudo bem não estar tudo bem, mas não está tudo bem continuar não estando tudo bem. Afirmo isso porque, a partir do momento que você desperta e sabe que não está tudo bem, é sua responsabilidade fazer algo para mudar essa situação.

O primeiro passo para desativar esse padrão de sofrimento emocional é assumir que existirão dias em que não vai estar tudo bem; tem dias que iremos oscilar, faz parte da vida. E na maior parte dos dias, oscilamos várias vezes. Portanto, pare de se cobrar perfeição! É permitido chorar! É permitido ter sentimentos! É permitido ser vulnerável! É permitido ser espontâneo! Só não é permitido mentir!

MANTRA:
Está tudo bem não estar tudo bem, mas não está tudo bem continuar não estando tudo bem.

Faça agora a sua ativação Atma Healing 4 Ar (disponível na Parte 3 deste livro)

Depois, anote no espaço a seguir como você se sentiu e quais foram os seus principais insights durante essa prática:

_____
_____
_____

Semana 2

Dia 6: Escassez

O padrão de sofrimento emocional da escassez bloqueia completamente a sua prosperidade e o fluxo da abundância do Universo na sua vida, pois aprisiona você em uma realidade de limitação e escassez.

A escassez é o oposto da prosperidade, e aqui é importante salientar que prosperidade não envolve apenas os recursos materiais e financeiros, mas também saúde, energia, realização e novas oportunidades. Prosperidade é um fluxo de abundância em todas as áreas da sua vida.

Quando você sente que a sua vida travou, que as coisas não estão dando certo, que você está andando em círculos, que não consegue ir para o próximo nível e ter novas oportunidades, por mais que você se esforce, é porque o padrão de sofrimento emocional da escassez está ativo na sua vida de alguma forma.

Muitas pessoas ainda acreditam em sorte ou azar, um conceito que revela a ignorância das leis naturais e do funcionamento do Universo. Na vida, nada é questão de sorte ou azar, tudo é questão de você estar ou não no fluxo, de estar ou não em alinhamento com a sua essência, de estar ou não em um estado de vibração elevado, ou seja, de estar em Alinhamento Vibracional Máximo! Quando está nesse estágio, as coisas dão certo, pois você se alinha com o fluxo da abundância do Universo.

Tudo o que existe é energia, e matéria nada mais é do que energia condensada, ou seja, em um outro nível de frequência e vibração. Nós somos uma consciência infinita e ilimitada vivendo uma experiência material. Somos a essência, o Atma, que possui um corpo e uma mente.

Agora, quando algum padrão de sofrimento emocional está ativo, ocorre um bloqueio do fluxo de energia e um consequente desequilíbrio dos 4 elementos essenciais. Por essa razão, você não consegue ativar seu estado interno de Alinhamento Vibracional Máximo, pois está preso a uma realidade de escassez e limitação na qual você precisa se esforçar muito para ter o mínimo de resultado.

O padrão de sofrimento emocional da escassez está associado ao elemento terra, responsável por todas as questões materiais e financeiras, pela estrutura de vida, nossa ancestralidade, nossas histórias de vida, nossas raízes.

O elemento terra nos mostra a importância de termos raízes fortes, de honrarmos nossos antepassados, nossa ancestralidade, pois a terra traz estabilidade, rigidez e forma. O elemento água traz a flexibilidade, o movimento, a fluidez, e fala dos relacionamentos, dos sentimentos. O elemento fogo traz a chama da sabedoria, o poder magnético da atração, o brilho, a vontade de viver, o poder de transformar a dificuldade em oportunidade e crescimento. O elemento ar traz a clareza de ideias, de inovação, traz o novo para a nossa vida, a amplitude, as infinitas possibilidades, traz o potencial criativo de criar coisas novas.

Cura da Alma

Cada elemento tem uma representação na nossa vida, pois cada um tem uma força específica e eles estão todos conectados. Quando um elemento entra em desequilíbrio, ele desequilibra os outros por consequência, pois eles funcionam como a engrenagem de um relógio.

Se você passa a apresentar padrões de sofrimento emocional do elemento água, por exemplo, mas não os desativa, o fluxo de energia dos 4 elementos essenciais entra em desequilíbrio e não flui mais em harmonia. É como se existisse uma pedrinha impedindo e bloqueando o fluxo, e isso faz com que ele comece a ser desviado. Quando essa água não consegue mais fluir, ela começa a transbordar e, com isso, ou ela apaga o fogo, ou inunda a terra.

A escassez é, literalmente, a falta de recursos. Quando esse padrão de sofrimento emocional está ativo, você tem falta de dinheiro, falta de oportunidades, falta de amor, falta de ideias, falta de reconhecimento etc. Em outras palavras, a escassez trava toda a sua vida.

Se o padrão oculto da escassez está ativo na sua vida, como você vai ter uma nova ideia no seu trabalho? Como você vai atrair um novo relacionamento? Um novo trabalho? Como vai ter mais dinheiro? A resposta é simples: não vai! Por mais que você se esforce e se dedique, você não conseguirá realizar nada na vida enquanto não desativar esse padrão de sofrimento emocional.

Para desativar o padrão de sofrimento emocional da escassez, é fundamental que você honre e agradeça ao seu passado, suas histórias de vida e todos os seus antepassados, a sua ancestralidade. Enquanto você não honrar e agradecer por tudo o que trouxe até aqui, a escassez continuará ativa na sua vida de alguma forma.

Todos nós temos algumas memórias de dor e sofrimento referentes a acontecimentos e pessoas que nos feriram.

O fato é: você não pode mudar o que te aconteceu, mas pode mudar a sua interpretação dos fatos sabendo que tudo acontece para sua evolução, e que foi justamente por você ter passado por tudo o que passou que você é quem é hoje. Sabendo que seus antepassados são seres humanos assim como você e eu: perfeitamente imperfeitos e sempre em evolução, e que eles deram o seu melhor dentro do seu próprio nível de consciência e evolução.

Perdoar, honrar e agradecer ao passado e aos antepassados não é algo que você faz com a sua mente consciente, é algo que você sente com seu coração conforme vai desativando os padrões de sofrimento emocional.

A natureza é abundante, e a sua verdadeira natureza é a abundância. Você é uma extensão do Divino Criador, é a Energia essencial em ação, uma consciência infinita e ilimitada, nunca se esqueça disso.

Agora, quando você está preso dentro da caixinha dos quatro grupos de padrões de sofrimento emocional, você se sente limitado, passa a acreditar que a vida é limitada e não consegue enxergar além dessas quatro barreiras que aprisionam sua mente e energia. Isso, porém, não é culpa sua. Ninguém nunca explicou isso para você. Mas a partir de agora você sabe, e a escolha, a partir de agora, é sua.

Desativar os padrões de sofrimento emocional é quebrar essa caixinha que aprisiona e limita sua energia. É se permitir entrar em contato com o Universo abundante e de infinitas possibilidades que está aí ao seu redor.

Desativar o padrão oculto da escassez é essencial para que você se torne um criador intencional da sua realidade e faça com que seus sonhos e desejos se tornem realidade. O mais incrível de tudo é que ao desativar o padrão de sofrimento emocional da escassez e entrar em Alinhamento Vibracional Máximo, você ativa um fluxo de bênçãos no qual as coisas só não saem exatamente como você planejou porque elas saem melhor do que o planejado.

Há cinco anos, eu jamais poderia imaginar que hoje estaria vivendo essa minha realidade de abundância: conquistar a liberdade financeira aos 36 anos, abrir 3 empresas e ter um trabalho que me permite levar minha mensagem para mais de 18 países.

Desativar o padrão de sofrimento emocional da escassez é se permitir despertar o poder de cura da sua alma, em perfeito alinhamento com a sua essência, e ser capaz de ouvir as respostas para as suas dúvidas, enxergar as oportunidades e saber qual é a melhor decisão que você deve tomar.

Vivendo nesse fluxo de abundância, a sua prosperidade se expande e alcança outras vidas. Você começa a ajudar as pessoas ao seu redor — seja financeiramente, emocionalmente, com novas oportunidades, com sua energia... — e elas começam a se sentir melhores pelo simples fato de você estar melhor, pois você está compartilhando a sua energia, a sua melhor vibração, com elas.

Você só vai conseguir ajudar, de verdade, alguém que ama quando você estiver em alinhamento com a sua essência, com sua vibração elevada, porque você só consegue dar aquilo que você tem.

Sua atual realidade foi criada por você, consciente ou inconscientemente, no seu nível de consciência do passado. Por sua vez, a sua realidade futura está sendo criada, neste momento, pelo seu novo nível de consciência.

Seja grato por tudo o que passou, por você ser quem é, por você estar onde está. Desafios e problemas sempre irão existir; a vida é uma experiência dual, e sentir gratidão por todos os desafios é continuar no fluxo para atingir o seu próximo nível e, assim, manifestar a abundância na sua vida.

Amanda **Dreher**

MANTRA:
Quando você dá o seu melhor para a vida, a vida dá o melhor dela para você.

Faça agora a sua ativação Atma Healing 1 Terra (disponível na Parte 3 deste livro)

Depois, anote no espaço a seguir como você se sentiu e quais foram os seus principais insights durante essa prática:

_____
_____
_____

Semana 2

✦ Dia 7: **Apego**

O padrão de sofrimento emocional do apego faz parte do elemento água e é muito profundo e persistente: você desativa e, se descuidar, ele volta.

Ao desativar um padrão de sofrimento emocional, você eleva sua vibração e desperta o poder de cura da sua alma, e quando isso acontece, sua consciência se expande e atinge um novo nível. Por isso, mesmo que um padrão de sofrimento emocional seja ativado novamente, ele nunca volta com a mesma força e intensidade, pois vai enfraquecendo cada vez mais.

Talvez você pense que não é apegado e está tudo bem. Eu também acreditava que não tinha nada do padrão de sofrimento emocional do apego ativo em minha vida, mas percebi que não era tão simples assim. Pode ser que seja o seu caso. Portanto, vou fazer algumas perguntas e gostaria que você respondesse com toda a honestidade do seu coração, assim poderá perceber o quanto esse padrão está ativo e bloqueando a sua vida:

1. Às vezes você tem o sentimento de que gostaria que a sua vida fosse mais leve?

2. Você se sente sobrecarregado e cansado?

3. Você tem a sensação de que sua vida está travada e que você está andando em círculos?

4. Você tem em seu armário roupas que não usa há mais de 6 meses?

5. Você costuma pensar ou falar de histórias do passado com frequência?

6. Você sente que nada de novo acontece na sua vida?

Se você respondeu sim a alguma dessas perguntas, é porque o apego está presente na sua vida de alguma forma.

Agora, vou fazer uma pergunta mais profunda: Como seria a sua vida profissional se você perdesse tudo que tem hoje, ficando apenas com o seu conhecimento, e precisasse recomeçar do zero? Qual é o seu sentimento?

Se você ficou tranquilo e manteve a confiança em você e no Universo, com a certeza absoluta de que conseguiria reconstruir uma vida profissional ainda melhor dentro de alguns meses, parabéns! Agora, se você ficou desconfortável, sentiu insegurança ou medo, é porque, de alguma forma, o apego está bloqueando o seu estado de Alinhamento Vibracional Máximo.

Quando o padrão de sofrimento emocional do apego está ativo, você se sente sobrecarregado e cansado. Isso acontece porque o apego faz você carregar coisas que não precisa mais carregar. Desativar esse padrão de sofrimento emocional é aprender a soltar, aprender a deixar ir, aprender a encerrar os ciclos e colocar os pontos finais neles.

Esse padrão oculto não está relacionado somente ao apego às coisas materiais e objetos, mas também a: ideias ou projetos, pessoas ou acontecimentos, situações ou experiências do passado. Por exemplo: você pode não ser apegado às suas roupas, mas pode ser apegado a pessoas, relacionamentos, a alguma lembrança do seu passado, e assim por diante.

Citando outro exemplo, você pode ser apegado a um trabalho que não faz o seu coração vibrar, que não tem nada a ver com a sua missão e propósito de vida, e, por alguma razão, não consegue pedir demissão e buscar realizar o trabalho que faz o seu coração vibrar. Você não consegue porque está apegado ao seu passado.

O padrão de sofrimento emocional do apego pode estar sustentado por outros padrões, como o da racionalização ou do não merecimento; um está conectado ao outro, um dá suporte ao outro. Para desativá-lo, é essencial ativar a energia do perdão. O perdão encerra ciclos e deixa a vida mais leve. O perdão abre espaço para o novo se manifestar na sua vida.

No meu livro *Stop Ansiedade* tem a Oração do Perdão Poderoso, que também está disponível em áudio no app Namastê®. Essa oração foi uma inspiração que eu tive durante uma prática de meditação; ela já ajudou muitos alunos e tenho certeza que irá tocar o seu coração também.

Quando o padrão de sofrimento emocional do apego está ativo, temos dificuldade em deixar o passado para trás, tanto o passado distante como o passado recente. Acreditamos que uma pessoa apegada é aquela que fica falando das coisas que aconteceram muitos anos atrás, mas, embora isso também seja apego, o pior tipo que existe é o apego ao passado recente.

Quando acontece uma situação ruim no seu dia, por exemplo, você passa o dia todo pensando e falando sobre aquilo, mantém aquele acontecimento de horas atrás ainda ativo na sua mente e na sua energia, e acaba revivendo a situação diversas vezes. Ao agir assim, você mantém a sua energia naquela situação, e onde você coloca a sua energia é onde você está criando a sua realidade. Por isso, é importante ter cuidado para não ficar revivendo situações que deram errado ou nas quais você experimentou algum tipo de sofrimento emocional, pois isso impedirá você de criar uma nova realidade. Não fique falando sobre isso o dia todo, o tempo inteiro. O que passou, passou, e você precisa seguir em frente.

Sempre que você se lembra de um acontecimento, você revive aquela situação. Para a mente, não importa se é algo que está acontecendo agora, ou se é apenas uma lembrança. Quando você está se lembrando de determinada situação, as conexões neuronais que foram ativadas no momento do acontecimento são todas ativadas novamente, e para o seu cérebro é como se você estivesse vivendo aquela experiência outra vez; toda a descarga química é ativada de novo no seu organismo.

Diante de tudo isso, gostaria de propor um desafio. Vamos praticar o desapego?

O desafio é o seguinte: tire do seu armário tudo aquilo que não te faz feliz e doe. Para que a Lei do Vácuo funcione, é preciso criar espaço.

A Lei do Vácuo é mais uma das leis naturais que regem o funcionamento do Universo. Em resumo, ela diz que você precisa, primeiro, abrir espaço para depois as coisas novas acontecerem. Enquanto não houver espaço para o novo, não há como ele vir.

Por isso, desapegue, perdoe, encerre ciclos, coloque pontos finais, pois tudo na vida nasce, cresce e chega ao fim. E o chegar ao fim é se transformar em algo ainda melhor.

MANTRA:
Eu entrego, confio, aceito e agradeço.

Faça agora a sua ativação Atma Healing 2 Água (disponível na Parte 3 deste livro)

Depois, anote no espaço a seguir como você se sentiu e quais foram os seus principais insights durante essa prática:

_____
_____
_____

Semana 3

Dia 1: **Raiva**

O padrão de sofrimento emocional da raiva faz parte do elemento fogo, e é um dos que geram as consequências mais devastadoras em todas as áreas da vida: destrói os relacionamentos, a saúde física e impede você de perceber as novas oportunidades que surgem.

Deixe-me compartilhar uma história sobre esse padrão de sofrimento emocional:

Um menino muito bonzinho, chamado João, estava no colégio quando, no intervalo, foi brincar com os colegas e um dos amigos brigou com ele.

O garoto empurrou João, os dois discutiram e João ficou com muita raiva. Sentiu raiva aquela hora e durante as aulas que seguiram depois.

No final da aula, quando o avô de João foi buscá-lo no colégio, o menino saiu correndo na direção do avô e, com lágrimas nos olhos, o abraçou com força. Seu avô, que era um homem bastante sábio, perguntou a ele o que havia acontecido, e João, lutando contra as lágrimas que insistiam em cair, começou a contar da briga que teve durante o intervalo e como o outro garoto havia sido grosseiro com ele. João contou para o avô que estava com muita, muita raiva do colega, e disse que sua vontade era bater nele de volta e devolver tudo o que ele tinha lhe feito.

Amanda **Dreher**

Então, o avô caminhou com ele até um banco na pequena praça que havia em frente ao colégio e, com toda a calma do mundo, começou a explicar para o neto que dentro de cada ser humano existem dois lobos: o lobo bom e o lobo mau. O lobo bom é aquele que tem calma, paciência, é gentil e fala a verdade. O lobo mau é aquele que critica, que julga, conta mentiras, tem explosões de raiva e briga com as pessoas ao seu redor. Esses dois lobos estão o tempo inteiro lutando um contra o outro dentro de cada ser humano.

Curioso, João pergunta ao seu avô:

— Mas qual desses lobos vence a batalha?

E o avô respondeu:

— Aquele que você alimentar mais.

Você já leu aqui, nos capítulos anteriores, sobre a dualidade: luz e sombra, positivo e negativo, e tantos outros exemplos. Esse é mais um. Dentro de cada um de nós existe o lobo bom e o lobo mau porque somos seres humanos em evolução. Nenhum de nós é ainda completamente iluminado, completamente perfeito, porque, se fosse o caso, nós não estaríamos mais aqui, certo?

Dito isso, eu pergunto: qual é o lobo que você tem alimentado mais? A gentileza ou a crítica? A irritação ou a paciência? A alegria ou a tristeza? A gratidão ou a reclamação? A sabedoria ou a raiva? Onde você tem colocado mais energia nos últimos dias?

Hoje, o ritmo de vida acelerado faz com que a grande maioria das pessoas entre no que eu chamo de Modo Reacional, em que você simplesmente vai reagindo aos fatos e acontecimentos, sem que haja espaço para ser quem você é de verdade. Nesse modo, você entra em uma espécie de piloto-automático e vive em um ciclo inconsciente de críticas, cobranças, julgamentos

Cura **da Alma**

e reclamações que drenam sua energia e vibração.

O Atma Healing é capaz de tirar você desse estado e colocá-lo no Modo Criacional, em que você tem energia e motivação, confiança e poder emocional, sente gratidão e as coisas dão certo para você. Você se torna um criador intencional da sua realidade, escolhendo, a cada dia, desativar os padrões de sofrimento emocional que bloqueiam a sua vida e despertar o poder de cura da sua alma (lembre-se: a cura, aqui, vai além do corpo físico).

O padrão de sofrimento emocional da raiva rouba o seu poder de decisão, pois faz com que você simplesmente reaja às situações e aos acontecimentos. Não é mais a sua essência, sua alma, que está fazendo as escolhas na sua vida, é a raiva que está escolhendo por você, e esse padrão oculto se apresenta de duas formas:

Explosão: você fica irritado, culpa as pessoas, faz julgamentos e, com isso, fere os outros, criando brigas e desarmonia nos relacionamentos. Uma explosão emocional fica registrada para sempre, não há como voltar atrás. O que está feito está feito. Podemos e devemos trabalhar com o perdão, a aceitação e mudar a interpretação emocional da situação: entender por que aconteceu o que aconteceu e aprender a lição.

Implosão: pessoas implosivas aparentam ser calmas e tranquilas, mas estão fervilhando por dentro. Elas não expressam mais o que sentem, se culpam e ficam irritadas com elas mesmas. Todas essas atitudes geram insegurança e falta de poder pessoal, o que faz com que pessoas assim sejam facilmente influenciáveis. Essa implosão emocional causa uma sobrecarga de adrenalina e cortisol nos órgãos físicos, uma queda na imunidade e a destruição da saúde. Pessoas com essas características costumam apresentar bruxismo, tensão muscular, azia, dentre outros problemas.

Amanda **Dreher**

A vida sempre irá apresentar desafios, problemas e situações nas quais você sente raiva: de si mesmo, da vida, de outra pessoa... Não importa. O que importa é que você não seja dominado por esse sentimento tão negativo. Que não reaja ao perceber a raiva vindo, pois conseguiu manter o seu estado de Alinhamento Vibracional Máximo e escolheu agir com sabedoria diante daquela situação. Importa sair do Modo Reacional e ativar o Modo Criacional.

Que você tenha sabedoria para aceitar tudo aquilo que não pode mudar, e que tenha coragem para mudar tudo aquilo que não pode aceitar. E para que isso seja possível, continue fazendo suas ativações Atma Healing!

MANTRA:
Que eu tenha sabedoria para aceitar tudo aquilo que não posso mudar e coragem para mudar tudo aquilo que eu não posso aceitar.

Faça agora a sua ativação Atma Healing 3 Fogo (disponível na Parte 3 deste livro)

Depois, anote no espaço a seguir como você se sentiu e quais foram os seus principais insights durante essa prática:

_____
_____
_____

Semana 3

✧ Dia 2: **Insegurança**

Quando o padrão de sofrimento emocional da insegurança está ativo, não tem jeito: você pode até ser uma pessoa cheia de boas intenções, mas as coisas não vão dar certo para você. Faltarão a força e o poder emocional e vibracional necessários para realizar mudanças e criar a nova realidade que você deseja.

Deixe-me compartilhar uma pequena história relacionada a esse padrão de sofrimento emocional:

Há muitos e muitos anos, nas montanhas da antiga Índia e Tibete, havia um andarilho que viajava pelas montanhas apenas com uma mochila nas costas. Certo dia, enquanto ele percorria o seu caminho, deparou-se com um lago enorme à sua frente, bem no meio do itinerário. Era um lago de água limpinha e transparente, de rara beleza. Aquele lago era tão grande que ele mal conseguia enxergar a outra margem, mas ficou ali, parado, pensando em como faria para chegar do outro lado.

Enquanto tentava encontrar uma solução, um senhor de barba branca aproximou-se dele e perguntou:

— Posso lhe ajudar a atravessar o lago? Sou o barqueiro daqui. O viajante ficou surpreso, pois sequer tinha percebido o barco com seus dois remos, parado bem ali, ao seu lado.

Os dois entraram no barco e o barqueiro começou a remar. O viajante observou que os remos eram feitos de carvalho, muito bonitos, e, olhando mais atentamente, percebeu que havia uma palavra entalhada em cada remo.

Amanda Dreher

Curioso, o viajante perguntou ao barqueiro o que estava escrito em cada um dos remos e ele explicou:

— Neste remo aqui, está escrito "acreditar". Se eu pegar esse remo do acreditar e remar apenas com ele, olha só o que acontece: o barco começa a andar em círculos sem sair do lugar. Já nesse outro remo, está escrito "agir". Da mesma forma, se eu remar apenas com ele, também vou andar em círculos sem sair do lugar. Eu escrevi essas duas palavras, acreditar e agir, para que eu me lembre de que acreditar e agir são atitudes que devem andar sempre juntas. Que as coisas na minha vida só vão acontecer quando eu acreditar e eu agir, pois de nada adianta ser uma pessoa cheia de boas intenções, pensar positivo, se eu também não entrar em ação. Da mesma forma, de nada adianta agir por agir, sem ter uma intenção, um propósito definido por trás da ação. Agir sem acreditar vai fazer com que eu me esforce muito e não consiga ter os resultados que desejo, pois estarei desconectado do fluxo da abundância do Universo.

Contei essa história para que você perceba que quando o padrão de sofrimento emocional da insegurança está ativo você não acredita e não age, pois a insegurança rouba de você o poder de acreditar e agir, rouba a sua autoconfiança e te paralisa.

A insegurança faz você procrastinar, não ter forças ou energia para fazer aquilo que você sabe que precisa fazer; faz você começar as coisas e desistir no meio do caminho. E por não saber que esse padrão de sofrimento emocional está ativo na sua vida, você não entende por que isso acontece.

A insegurança faz você duvidar do seu potencial, levando-o a pensar que você é pequeno e incapaz. Ela faz com que você se sinta sozinho e se esqueça da sua origem divina.

Acreditar e agir é a fórmula para ativar a autoconfiança que te permite realizar os seus sonhos. Acreditar e confiar no seu potencial, nos seus dons, talentos e habilidades. Acreditar no fluxo da abundância do Universo e ter fé na vida. Agir é se colocar em movimento, entrar em ação, fazer o que precisa ser feito até o final.

Ninguém vai realizar os seus sonhos por você. Você é muito maior e muito mais capaz do que imagina. Você é a Energia Essencial em ação.

Agora, é hora de desativar esse padrão de sofrimento emocional, reequilibrar os 4 elementos, despertar o poder de cura da sua alma — ativar o seu Alinhamento Vibracional Máximo — e realizar os sonhos do seu coração!

MANTRA:
Você é muito maior do que imagina!

Faça agora a sua ativação Atma Healing 4 Ar (disponível na Parte 3 deste livro)

Depois, anote no espaço a seguir como você se sentiu e quais foram os seus principais insights durante essa prática:

_____
_____
_____

Semana 3

✧ **Dia 3: Procrastinação e preguiça**

O padrão de sofrimento emocional da procrastinação e preguiça faz com que você não consiga focar sua energia na direção correta: a dos seus sonhos.

Acredito que todos nós sofremos com esse padrão oculto de alguma forma. O que acontece é que em alguns momentos ele está menos intenso e sob controle, e em outros, está tão descontrolado que chega a dominar completamente nossas vidas.

Esse padrão de sofrimento emocional nunca atua de forma isolada, pois está sempre acompanhado de vários dos outros padrões. Mas, afinal, o que é procrastinação?

A procrastinação é irmã da preguiça. Ninguém gosta de falar que tem preguiça de fazer algo; costumamos falar que procrastinamos. Agora, quando se trata dos outros, muitas vezes falamos que aquela pessoa é preguiçosa, que não faz o que precisa ser feito, e por aí vai.

Na verdade, a procrastinação acontece quando você se sente com preguiça e sem motivação para fazer o que precisa fazer, seja por medo, autocobrança, dependência emocional, ou qualquer outro padrão de sofrimento emocional.

Devido à falta de clareza, força e energia que a procrastinação proporciona, o padrão de sofrimento emocional da distração e da dúvida acabam entrando em ação, levando você a se ocupar com várias outras coisas. E, assim, o tempo passa, você gasta sua energia naquilo que não precisava gastar e pensa: "*Oh, my God!* Não consegui fazer nada do que eu precisava fazer!"

E fica com aquela sensação de que o dia escorregou entre as suas mãos.

Além disso, os padrões de sofrimento emocional do medo do fracasso e da autocobrança também podem estar ativos, impedindo que você tenha coragem para dar os primeiros passos. Você fica paralisado, cheio de boas intenções, mas sem a atitude de praticá-las. E se os padrões de sofrimento emocional da dúvida e da racionalização estiverem presentes, você pode até começar a fazer algo, mas não consegue concluir; desiste no meio do caminho e não entende por que isso acontece.

Muitos acreditam que aqueles que sofrem com a procrastinação são pessoas sem comprometimento, e não é bem por aí. A verdade é que elas ignoram o fato de que existe um padrão de sofrimento emocional ativo ali, uma força contrária que atua de forma silenciosa e inconsciente, e impede que aquela pessoa consiga ter as ações ou os comportamentos que gostaria.

Por isso, todo processo de mudança e transformação verdadeiro começa com a desativação desses padrões ocultos. Sem isso, você precisará fazer muito esforço para ter um mínimo de resultado. E uma coisa é fato: sempre que você estiver em um processo de mudança, transformação e cura, sempre que você estiver em busca do seu próximo nível, é normal sentir-se extremamente desconfortável em alguns momentos, e é nesse ponto que o padrão de sofrimento emocional da procrastinação e da preguiça encontra a brecha ideal para entrar com tudo.

A ótima notícia, porém, é que esse desconforto, que eu chamo de desconforto inicial temporário (DIT) é — veja só! — inicial e temporário, ou seja, basta continuar no seu processo que ele irá passar. No entanto, como a grande maioria das pessoas não têm consciência disso, acabam sendo dominadas pela procrastinação e desistem no meio do caminho.

Mas, agora que você está aqui, nesse processo de destravar a sua vida, já sabe que esse desconforto irá passar, basta continuar nesse caminho, atento para que o padrão de sofrimento emocional da procrastinação não chegue silenciosamente. É só continuar que você vai chegar lá!

MANTRA:
A mudança acontece quando a dor de não mudar se torna maior do que a dor da mudança.

Faça agora a sua ativação Atma Healing 1 Terra (disponível na Parte 3 deste livro)

Depois, anote no espaço a seguir como você se sentiu e quais foram os seus principais insights durante essa prática:

_____
_____
_____

Semana 3

✧ Dia 4: **Mágoa**

O padrão de sofrimento emocional da mágoa deixa sua vida pesada demais e impede que coisas novas aconteçam para você. Por fazer parte do grupo do elemento água, esse padrão oculto é extremamente sutil. Quando ele surge, geralmente falamos: "Estou magoado com aquela situação", ou "Fulano me magoou".

Contudo, depois de duas décadas atuando na área das terapias, eu posso afirmar que nada nem ninguém tem o poder de te magoar, é VOCÊ que é uma pessoa magoável. Sei que pode parecer estranho, mas calma; continue lendo este capítulo que você vai entender.

Imagine duas pessoas diferentes expostas a uma mesma situação. Uma delas se magoa, e a outra, não. Por que isso acontece? A resposta é simples: porque uma é magoável, e a outra, não! Em outras palavras, uma tem o padrão de sofrimento emocional da mágoa ativo, e a outra, não.

Dependendo da sua Identidade da Alma, talvez você tenha uma tendência maior a ativar esse padrão de sofrimento emocional. Se você for Sensitivo ou Curador, suas chances de ser dominado por esse padrão oculto são bem maiores, por isso o cuidado deve ser redobrado.

O que é necessário entender é que na vida não existem vítimas, culpados ou vilões. Sim, eu sei que você e eu crescemos ouvindo histórias com vítimas e vilões: sempre tem a bruxa malvada e a princesa queridinha e boazinha, e tudo isso está registrado no seu inconsciente.

Acontece que na vida real não é bem assim que funciona. Aqui neste livro, você tem aprendido os conceitos dos mais modernos estudos e pesquisas sobre desenvolvimento humano, e neste ponto do processo, eu acredito que já deva estar claro para você o seguinte: você é um criador da sua realidade.

Sendo você o criador da sua realidade, é você quem está atraindo para a sua vida situações e pessoas que estão na mesma vibração que você. Não é para se culpar por nada, porque não existem culpados; é para se tornar consciente da sua responsabilidade. Você é o responsável pela vida que tem hoje, seja ela positiva ou negativa, consciente ou inconsciente; foi você quem a criou.

Quanto mais padrões de sofrimento emocional estiverem ativos, mais a sua vida não é nada daquilo que você gostaria, porque, na verdade, quem está criando a sua vida, escrevendo as suas histórias, são os padrões de sofrimento emocional. Quanto mais você estiver alinhado com a sua essência, o seu Atma, expressando a sua Identidade da Alma, mais a vida que você tem hoje será a vida que você sonhou.

Como já falamos, você tem um campo eletromagnético chamado aura, e é a partir da vibração desse seu campo eletromagnético que pessoas e situações serão atraídas para a sua vida. Você sempre irá atrair mais de uma mesma vibração. Imagine que os padrões de sofrimento emocional que estão ativos no seu campo eletromagnético são como ímãs. Quando a mágoa está presente na sua vida, ela faz com que você atraia mais pessoas e situações que te deixam magoado. E então, sem saber disso, você acaba dominado por esse padrão oculto, acreditando que os outros é que são culpados por você estar se sentindo assim.

Tudo o que acontece na sua vida tem um propósito. Lembre-se: na sua vida, se não é bênção, é lição. Se aconteceu algo desafiador, algo que te magoou profundamente, ao invés de procurar culpados, tente entender o que esse acontecimento tem para te ensinar. Nem sempre será fácil, eu sei, mas não desista, é possível!

O sistema de ativações terapêuticas Atma Healing dá resultados de forma rápida, justamente por atuar com o foco de cura vibracional — diferentemente de métodos de terapia arcaicos, que fazem a pessoa ficar anos revivendo traumas e tentando achar culpados.

Não importa tanto o fato em si, importa mais o seu sentimento em relação ao que te aconteceu, a sua interpretação emocional e o quanto você utilizou aquela situação de dor e sofrimento como alavanca para o seu crescimento e evolução.

Todos nós temos memórias e sentimos medo, mágoa, culpa, injustiça. Todos nós temos feridas emocionais e alguma história triste para contar. Porém, quando o padrão de sofrimento emocional da mágoa está ativo, não conseguimos desapegar da memória de dor. Passam-se meses, anos, décadas e a mágoa continua ali, drenando a sua energia e travando a sua vida.

Quando duas pessoas dominadas pela mágoa se encontram, prepare-se: lá vem a competição para saber quem tem a história mais triste! É um contar uma história sofrida que o outro já emenda com outra pior, e assim a energia e vibração dessas pessoas desce ladeira abaixo.

Porém, estamos aqui para entender que as situações de dor e desafios pelas quais passamos ocorrem porque, de alguma forma, a sua alma precisava dessa exata experiência de vida para evoluir, ou seja, é algo que faz parte do seu processo de aprendizagem e evolução como alma. Pode ser que você ainda não consiga enxergar essa evolução; pode ser que ainda sinta o padrão de sofrimento emocional da mágoa ativo na sua vida e tudo bem, essa mudança é um processo. Pense que você já deu o primeiro passo: chegou até aqui, tomou consciência de todo o conhecimento que foi compartilhado e, agora, basta continuar o processo. Chegará um momento em que você vai conseguir olhar para trás sem sentir nenhuma mágoa, que você vai conseguir conectar os pontos.

Quantas vezes uma doença que você descobre, que é a pior coisa na sua vida, mais tarde se torna a porta de evolução para uma nova forma de perceber o mundo? Quantas vezes uma gravidez inesperada aos 17, 18 anos, torna-se, depois, sua maior alegria e riqueza? São pontos que você só consegue conectar olhando para trás. No entanto, é preciso superar esse padrão de sofrimento emocional da mágoa para conseguir reconhecer que esses desafios te fizeram mais forte. O que gera sofrimento em você hoje pode ser aquilo que te fará feliz e realizado amanhã, basta encarar os desafios, problemas e dificuldades como uma oportunidade de evoluir e ser mais forte.

Na vida não existem vítimas, culpados ou vilões, e o simples fato de você saber disso conscientemente já irá ajudá-lo a lidar com esse padrão de sofrimento emocional. Contudo, lembre-se de fazer a sua ativação todos os dias, pois para desativar esse e outros padrões ocultos não basta apenas saber, é preciso sentir.

A cada dia que você está aqui, você está mais alinhado com a sua essência, aproximando-se cada vez mais do seu Eu de Verdade. É um processo contínuo e ascendente rumo à vida de abundância e felicidade com a qual você sonha e tanto merece.

MANTRA:
Quando a Luz entra, automaticamente a escuridão se vai.

Faça agora a sua ativação Atma Healing 2 Água (disponível na Parte 3 deste livro)

Depois, anote no espaço a seguir como você se sentiu e quais foram os seus principais insights durante essa prática:

_____
_____
_____

Semana 3

✦ Dia 5: **Manipulação**

O padrão de sofrimento emocional da manipulação faz parte do grupo do elemento fogo, e conseguir identificar quando ele está ativo é um grande desafio, porque normalmente ele vem disfarçado de boas intenções.

Quando falamos em manipulação, a mente tende a associá-la a algo ruim e negativo. A palavra "manipulação", por si só, já vem carregada de um peso emocional negativo. No entanto, é preciso entender que estamos, aqui, abordando os padrões de sofrimento emocional, ou seja, padrões que são ocultos e inconscientes, e quando o padrão de sofrimento emocional da manipulação está ativo, você tende a manipular os outros sem perceber. Toda tentativa de mudar outra pessoa, de fazer com que sua opinião e vontade prevaleçam, mesmo que seja com a melhor das intenções, é, sim, manipulação, e ela acontece sempre que você projeta suas expectativas nas outras pessoas, por acreditar que você sabe o que é o melhor para elas e que só quer ajudar.

Amanda **Dreher**

Em meu Instagram, recebo muitos directs de mulheres me pedindo ajuda para mudarem seus maridos: como faço para o meu marido meditar? Como faço para o meu marido ficar mais calmo? Como faço para o meu marido deixar de ser tão negativo? A resposta é: a única forma de mudar alguém é aceitar que ninguém muda ninguém!

Perguntas desse tipo revelam um caso típico de manipulação disfarçada. Mesmo que você justifique racionalmente que está apenas querendo ajudar a outra pessoa que você ama, seja filho, marido, esposa, mãe, pai, amigo, a verdade é que você está, de forma oculta e inconsciente, manipulando essa pessoa, projetando sobre ela seus desejos e necessidades inconscientes.

Saiba, porém, que essa projeção é extremamente prejudicial, tanto para você quanto para o outro. Ao fazer isso, você entra no campo de energia da outra pessoa e, além de os dois ficarem com o campo vibracional embaralhado e confuso, você interfere no bem mais precioso que cada um tem: o livre-arbítrio.

Portanto, se você tem o hábito de tentar fazer tudo pelo outro, de sempre ter aquele conselho para dar, saiba que o padrão de sofrimento emocional da manipulação está atuando na sua vida. Esse tipo de atitude é o que eu chamo da "falsa espiritualidade": nós nos esforçamos para sermos generosos, altruístas e prestativos, mas o que realmente queremos é que o outro faça as coisas do jeito que queremos, e o pior: queremos que ele seja quem achamos que ele deveria ser.

Na época em que eu ainda atendia como terapeuta, via muitas mães bem intencionadas fazerem isso com seus filhos adolescentes. Elas simplesmente não tinham conhecimento de tudo isso que você está descobrindo aqui e eram dominadas por uma necessidade inconsciente de ser uma boa mãe, esposa, profissional... Pessoas assim acabam dominadas pelo padrão de sofrimento emocional da manipulação sem perceber. É preciso saber identificar e respeitar a linha que separa os seus assuntos dos assuntos dos outros.

A pesquisadora americana Byron Katie explica, em seu trabalho, que existem três tipos de assunto: os meus, os seus e os de Deus.

Os assuntos de Deus abrangem tudo aquilo que não cabe a mim e a ninguém: nascimento, morte, o tempo, catástrofes naturais... É algo natural que acontece e sobre o qual ninguém tem o poder de interferir. Por exemplo, quando eu estou preocupado com terremotos, inundações ou quando eu vou morrer, eu estou nos assuntos de Deus.

Os assuntos dos outros referem-se ao comportamento e às responsabilidades das outras pessoas. Sempre que estou pensando e falando sobre a vida dos outros — por exemplo: "Minha mãe deveria ser mais compreensiva", "Meu marido não deveria comer tanto", "Você não deveria se atrasar", "Você deveria trabalhar mais" — estou nos assuntos dos outros.

Os meus assuntos compreendem tudo aquilo que diz respeito à minha vida, quando eu estou pensando no que eu tenho que fazer e em como eu posso melhorar.

Byron Katie explica que grande parte do nosso sofrimento vem do estresse de viver mentalmente fora dos nossos próprios assuntos. Pensar que nós sabemos o que é melhor para outra pessoa, mesmo que em nome do amor, é pura arrogância, é o que nós chamamos aqui de padrão de sofrimento emocional da manipulação.

Sempre que você sai dos seus próprios assuntos, você está separado da sua essência e se torna vulnerável à manipulação dos outros, sabia disso? Olha que incrível: você tentando manipular os outros e os outros tentando manipular você. Que confusão, não é mesmo?!

Quando isso acontece, você já não sabe mais quem você é de verdade, quais são os seus sonhos e o que é projeção dos outros ou do mundo lá fora. Você fica cheio de dúvidas e sente uma espécie de insatisfação com a vida. Se você não está cuidando da sua vida, os outros é que estão, e isso é a pior coisa que você pode fazer por si mesmo.

Lembre-se sempre desses três assuntos e tenha muito cuidado. Se a pessoa não pediu seu conselho, não tem razão você ficar falando, se intrometendo nos assuntos dos outros.

Por último, não é egoísmo você ficar focado nos seus assuntos, é questão de alinhamento com a sua essência, com o seu Eu de Verdade. Quanto mais alinhado você estiver com ele, mais será capaz de inspirar e ajudar as outras pessoas.

MANTRA:
A única maneira de mudar alguém é aceitar que ninguém muda ninguém!

Faça agora a sua ativação Atma Healing 3 Fogo (disponível na Parte 3 deste livro)

Depois, anote no espaço a seguir como você se sentiu e quais foram os seus principais insights durante essa prática:

_____
_____
_____

Semana 3

Dia 6: **Controle**

O padrão de sofrimento emocional do controle faz parte do grupo do elemento ar. Ele faz com que você se sobrecarregue mentalmente e o impede de enxergar as novas oportunidades, de perceber o que está além, limitando sua experiência de vida.

Deixe-me compartilhar uma história com você:

Há muitos e muitos anos, existia um fazendeiro que plantava abóboras, e sempre que ele as colhia, ajeitava cada uma delas em um encaixe perfeito na sua carroça para ir vendê-las na feira da cidade.

Logo que ele começava a andar pela estrada de terra esburacada, a carroça dava alguns solavancos e as abóboras se desajeitavam. Ele parava e as reorganizava, uma por uma, e assim seguia o seu caminho: andando alguns metros, parando e reorganizando suas abóboras.

Certo dia, enquanto seguia o seu caminho para a feira, passou por ele um outro fazendeiro, também com a carroça cheia de abóboras. Ele passou rapidamente, sem parar uma única vez para reorganizar sua carga.

Quando o primeiro homem, depois de longas horas de viagem, chegou ao seu destino, percebeu que o outro lavrador tinha todas as abóboras muito bem arrumadas e intactas na carroça.

Amanda **Dreher**

Curioso, ele se aproximou e perguntou:

— *Como que o senhor conseguiu ter todas as suas abóboras intactas e bem arrumadas se não parou nenhuma vez durante o caminho para organizá-las?*

O outro fazendeiro respondeu:

— *Os solavancos fazem com que as abóboras se encaixem e se organizem automaticamente; cada uma acaba entrando no seu lugar.*

Gosto muito dessa história porque ela nos faz refletir sobre quantas vezes gastamos nosso tempo e energia tentando controlar o processo, ao invés de soltar e confiar nele. Sempre que o padrão de sofrimento emocional do controle estiver ativo, você tentará controlar o que não é para ser controlado, e aí não tem jeito: sua vida não vai para frente, porque você está sempre controlando e tensionando o processo. Se existir controle, não existirá fluxo.

Lembre-se da frase que você viu nos capítulos anteriores: quanto maior a tensão emocional, menor a atração vibracional. Você nunca terá todas as respostas, nunca enxergará o caminho completo, portanto, não tente controlar o que não pode ser controlado. Confie mais em você, confie mais na vida. Entre em ação, em movimento, seguindo o fluxo do alinhamento da sua essência.

O padrão de sofrimento emocional do controle fará você se esforçar demais sem conseguir ter os resultados que deseja. Ele vai fazer você focar demais em coisas pequenas e irrelevantes, te fazendo perder a visão do todo, sem conseguir enxergar as novas oportunidades ou reconhecer os sinais do Universo. Além disso, esse padrão oculto também pode estar atuando junto com o padrão de sofrimento emocional da racionalização e da rigidez, o que faz com que a vida se torne pesada demais, sofrida demais, quando tudo o que você mais deseja é leveza!

Busque por mais momentos em que você possa relaxar, procure confiar mais nas pessoas, faça menos perguntas e dê mais espaço para o silêncio.

Falar muito ou fazer muitas perguntas também é um sinal que revela que esse padrão de sofrimento emocional está ativo. Outro sintoma que revela isso são tensões musculares, rigidez na cervical, dores de cabeça, insônia e fibromialgia.

Faça a sua parte e confie que o Universo vai fazer a parte dele. Ele irá te responder no momento certo. Nem sempre, porém, será exatamente como o planejado, mas será exatamente da forma que você merece, e, na grande maioria das vezes, muito melhor do que você planejou.

Sempre que fizer suas metas e visualizações, afirme o que você deseja e finalize com "isso, ou algo melhor".

MANTRA:
**Ao assumir que eu não tenho o controle de nada,
eu ganho o controle de tudo!**

Faça agora a sua ativação Atma Healing 4 Ar (disponível na Parte 3 deste livro)

Depois, anote no espaço a seguir como você se sentiu e quais foram os seus principais insights durante essa prática:

_____
_____
_____

Amanda **Dreher**

Semana 3

✦ Dia 7: **Culpa**

O padrão de sofrimento emocional da culpa faz parte do grupo do elemento terra, e quando você menos espera ele abre um buraco dentro de você, fazendo com que você se sinta sozinho, incompreendido e com uma sensação de vazio dentro de si.

Normalmente associamos a culpa com algum erro. Algo não saiu como planejado e nos culpamos por isso. No entanto, precisamos ir um pouco mais fundo, e para isso irei fazer algumas perguntas:

1. Você já se sentiu culpado por não se sentir feliz?

2. Você já se sentiu culpado por não criar seus filhos tão bem quanto gostaria?

3. Você já se sentiu culpado por não conseguir dar conta de tudo?

4. Você já se sentiu culpado por não conseguir realizar alguma coisa?

Lembre-se que os padrões de sofrimento emocional não são racionais, por isso não tente encontrar lógica neles. Você simplesmente sente, e sozinho é impossível desativá-los. Você não queria se sentir culpado, mas é mais forte que você. É um mecanismo de defesa criado pela sua mente que afasta você da sua essência, da força criadora do Universo.

Quando você descobriu o funcionamento do padrão de sofrimento emocional da mágoa, viu que na vida não existem vítimas, culpados ou vilões. Agora, conscientemente você já sabe, e esse é o primeiro passo. O segundo é sentir isso com todo o seu coração para, assim, desativar esse padrão de sofrimento emocional.

A culpa sempre vem depois de um julgamento; julgamos que não fomos bons o bastante ou que alguém não foi bom o bastante para nós. O problema é que esse julgamento é sempre parcial e não respeita os diferentes níveis de consciência e evolução. Exigimos um nível de perfeição e isenção de erros de nós mesmos e das outras pessoas, e quando isso não acontece, mergulhamos na culpa.

O padrão de sofrimento emocional da culpa faz você reviver acontecimentos dolorosos, reativando toda a química de dor do passado no momento atual, drenando sua energia e reduzindo sua imunidade aos poucos.

Permita-se ser mais gentil consigo mesmo e com as outras pessoas, se perdoe mais, aprenda com os erros e siga em frente. Honre e agradeça às suas histórias de vida. Honre e agradeça a todos que compartilham sua vida contigo. Libertar-se da culpa é aceitar a natureza perfeitamente imperfeita, e sempre em evolução, de cada ser humano.

Quem é que falou que você precisa ser bom em tudo?

Quem é que falou que você precisa acertar tudo o tempo todo?

Quem é que falou que você precisa saber todas as respostas?

Assim como você pode cometer falhas, as outras pessoas também podem. Afinal, somos todos seres humanos, e cada um está em um nível diferente de evolução e consciência. Antes de apontar o dedo e culpar uma outra pessoa, respire fundo e procure aceitar que ela não é você, que ela tem suas próprias histórias, seus próprios aprendizados e suas próprias feridas emocionais.

Gosto muito daquela frase que diz: "Antes de julgar outra pessoa, calce suas sandálias por sete dias".

O padrão de sofrimento emocional da culpa revela um grande nível de imaturidade emocional: é muito mais fácil buscar um culpado pelas coisas que estão dando errado e que não estão do jeito que você gosta, do que assumir a sua própria responsabilidade. Vejo uma geração de adultos imaturos emocionalmente, culpando seus pais e acontecimentos da infância pelos seus próprios fracassos. Pare de achar culpados e amadureça! Desativar o padrão de sofrimento emocional da culpa é ser livre para ser um criador intencional da sua realidade.

A pergunta que eu faço é: a partir do momento que não existem mais culpados, quem é o responsável pela sua vida? **Você! Sim, você é o Atma 100% responsável por criar a sua vida.**

MANTRA:
Eu aceito minha natureza humana perfeitamente imperfeita e sempre em evolução.

Faça agora a sua ativação Atma Healing 1 Terra (disponível na Parte 3 deste livro)

Depois, anote no espaço a seguir como você se sentiu e quais foram os seus principais insights durante essa prática:

_____
_____
_____

Semana 4

✧ **Dia 1: Hipersensibilidade**

O padrão de sofrimento emocional da hipersensibilidade, quando está ativo, faz com que você absorva a energia das outras pessoas e ambientes, sentindo-se, consequentemente, sobrecarregado e esgotado.

Como você já sabe, tudo na vida é energia, tudo está emitindo uma vibração. Porém, quando se fala desse padrão oculto, é importante entender que toda interação gera uma troca de energia. Você troca energia com outras pessoas e ambientes o tempo todo.

Quando a hipersensibilidade está ativa, é como se você estivesse na chuva sem guarda-chuva: você está desprotegido e vulnerável à interferência energética das outras pessoas e ambientes. Se você frequentasse ambientes e convivesse com pessoas de energia elevada, estaria tudo bem. O problema é que, na vida, não é possível saber quando iremos encontrar uma pessoa com uma vibração muito baixa e negativa. Faz parte!

Pessoas com esse padrão de sofrimento emocional ativo sofrem muito: elas acordam muito bem, com energia, mas quando encontram uma pessoa negativa, logo sentem que toda a sua energia foi sugada. Ou, então, chegam no trabalho e o ambiente de cobrança e pressão já drena a sua energia. Isso é o que chamamos de "efeito esponja".

Quando você sofre com o efeito esponja, é muito comum outras pessoas falarem que adoram te abraçar e conversar com você, porque só de ficarem alguns minutos na sua companhia já se sentem melhores. É claro que sim; afinal, ainda que inconscientemente (pois não é por maldade, mas por uma questão de leis naturais), elas sugaram toda a sua energia!

O ponto a ser observado aqui não é a outra pessoa sugar a sua energia, mas, sim, você se permitir ser sugado energeticamente, por estar com o padrão de sofrimento emocional da hipersensibilidade ativo. É importante lembrar do que falamos no capítulo anterior, sobre a importância da responsabilidade. Devemos assumir a nossa responsabilidade, não a culpa, pois a partir do momento que você faz isso, ganha o poder de mudar e controlar o processo. Agora, se você acredita que a responsabilidade ou culpa é do outro, você abre mão do seu poder e se torna impotente frente a isso.

Para algumas Identidades de Alma, como o Sensitivo, a sensibilidade é natural, então elas têm a tendência de ter esse padrão de sofrimento emocional ativo e precisam estar sempre cuidando e vigiando para conseguir impor limites e proteger sua energia.

Quando o padrão oculto da hipersensibilidade está ativo, ele faz com que você absorva muita carga negativa, e isso acaba drenando a sua energia, te deixando cansado e sem forças para realizar as coisas que precisa fazer. Pessoas assim se tornam muito choronas, desistem por qualquer coisa e não conseguem enfrentar os problemas ou desafios, pois ficam fracas emocionalmente.

A hipersensibilidade diminui a sua vibração e, com a vibração baixa, você começa a atrair para a sua vida coisas, pessoas e situações com a mesma vibração baixa que a sua. Isso acontece por causa da Lei do Semelhante, uma lei natural que, em resumo, diz que você sempre vai atrair para a sua vida mais da sua mesma vibração. Por isso, é essencial desativar os padrões de sofrimento emocional para elevar sua vibração.

Quando o fluxo dos 4 elementos essenciais está em harmonia, sua vibração se eleva e você passa a atrair coisas, pessoas e situações com a mesma energia elevada: novas oportunidades aparecem, você conhece pessoas incríveis, encontra as respostas que estava buscando e as coisas passam a dar certo para você. Isso acontece porque, através do seu campo eletromagnético, você irá emanar uma vibração para o Universo e atrair mais dessa vibração que você emanou (eletro = você emana; magnético = você atrai).

É importante entender que cada pessoa tem o seu próprio nível de sensibilidade; isso é algo individual e que precisa ser respeitado. Não tente se impor um nível de força e resistência emocional que não é natural seu; busque desativar esse padrão de sofrimento ativo e encontre o equilíbrio dentro da sua própria Identidade da Alma. Esqueça aquelas frases e afirmações de Facebook que dizem: "Você precisa ser forte", "Você precisa ser guerreira". Nada disso. Você só precisa ser o seu Eu de Verdade, respeitando o seu jeito único e especial de ser.

Para finalizar, quero compartilhar uma técnica de Proteção Energética que aprendi com o Dr. Joshua David Stone e que eu faço todos os dias de manhã antes de levantar da cama. Com essa técnica, você vai criar um escudo de energia que te ajudará a se blindar desse padrão de sofrimento ativo da hipersensibilidade. Vamos lá:

Acomode o seu corpo. Faça algumas respirações mais profundas. Feche os seus olhos e imagine, visualize, acredite que ao redor do seu corpo se forma uma bolha de luz dourada semipermeável, que permite que todas as energias elevadas cheguem até você, e que todas as energias negativas voltem purificadas para a sua origem. Mantenha essa visualização por, no mínimo, 68 segundos.

Repita essa visualização todos os dias e ative um verdadeiro escudo de proteção no seu campo eletromagnético!

MANTRA:
A verdadeira coragem é ser o seu Eu de Verdade.

Faça agora a sua ativação Atma Healing 2 Água (disponível na Parte 3 deste livro)

Depois, anote no espaço a seguir como você se sentiu e quais foram os seus principais insights durante essa prática:

_____
_____
_____

Semana 4

Dia 2: **Medo da crítica**

Quando está ativo, o padrão de sofrimento emocional do medo da crítica rouba a sua voz e a sua espontaneidade, e faz com que você lentamente se esqueça de quem é de verdade.

Respire fundo por um momento, e responda para si mesmo:

1. Quantas vezes você deixou de falar ou fazer algo porque achou que aquilo que você tinha para contribuir era muito pouco?

2. Quantas vezes você deixou de falar ou fazer algo porque ficou preocupado com o que os outros iriam pensar?

3. Quantas vezes você fez algo que não queria fazer porque achou que era o que os outros queriam que você fizesse?

4. Quantas vezes você agiu de determinada forma porque achou que assim estaria cumprindo com as expectativas dos outros e do mundo?

5. Quantas vezes você fez escolhas, não porque era o que você queria, mas porque você achava que os outros consideravam que era o melhor caminho para você?

Todas essas coisas podem ter acontecido em um relacionamento romântico, na sua família, no seu trabalho...

É importante lembrar que um padrão de sofrimento emocional nunca atua sozinho, pois todos eles funcionam como a engrenagem de um relógio. É por isso que, quando você desativa um padrão oculto, ocorre o efeito dominó, desativando outros em sequência.

Outro detalhe importante é que o foco aqui é sempre em você, e não no problema. O Atma Healing é um sistema de ativações revolucionário que gera resultados imediatos em todas as áreas da vida justamente por isso: o foco não é no problema, o foco é em você!

Quando o padrão de sofrimento emocional do medo da crítica está ativo, ele paralisa você. Você até tem ideias, quer fazer algo diferente, quer fazer uma mudança profissional, quer colocar fim em um relacionamento e é uma pessoa cheia de boas intenções, mas você não consegue entrar em ação porque está paralisado pelo medo da crítica. Esse medo faz com que você se sinta constantemente ameaçado, e a descarga química negativa que ele gera em seu organismo eleva os níveis de cortisol e adrenalina, deixando você paralisado.

E quando eu falo que você fica paralisado, é porque você não consegue mais agir e se comportar conforme a sua verdadeira natureza, pois perdeu sua espontaneidade e se desalinhou da sua essência; com isso, todas as ações e comportamentos que você tem passam a ser determinados por esse padrão oculto. Você acaba preso no Modo Reacional, nessa espécie de piloto-automático, tentando dar conta de tudo, sem conseguir ter novas ideias ou enxergar novas oportunidades.

Para lidar com o padrão de sofrimento emocional do medo da crítica é importante você entender que: "O que João diz sobre Pedro diz mais sobre João do que sobre Pedro", ou seja, o que os outros falam sobre você diz muito mais sobre eles do que sobre você. Não importa o que os outros pensam e falam sobre você, importa o que você acredita sobre si mesmo, até porque você nunca vai agradar a todos. Da mesma forma, o que você fala sobre os outros diz muito mais sobre você do que sobre os outros. É preciso fazer essa reflexão!

De maneira geral, pessoas com o padrão de sofrimento emocional do medo da crítica ativo também convivem com o padrão de sofrimento emocional da crítica e da reclamação. Isso significa que é justamente por criticarem muito que essas pessoas têm medo da crítica. Elas têm uma visão muito crítica em relação a si mesmas e se cobram uma perfeição enorme, o que as leva a fazer, inconscientemente, o mesmo com outras pessoas, criticando e exigindo perfeição de todos que estão ao seu redor. Por essa razão, sentem este medo de serem criticadas. O padrão de sofrimento da crítica e da reclamação e o padrão de sofrimento emocional do medo da crítica são gêmeos e andam juntinhos.

Portanto, se você se comporta dessa maneira, sem perceber, você acredita que os outros também são assim e, por causa do grande medo de ser criticado, acaba se esforçando ainda mais para buscar a perfeição.

Procure não levar as coisas para o lado pessoal, pois nem tudo gira ao redor do seu umbigo. Às vezes, as pessoas vão falar coisas que você não vai gostar, e elas vão te criticar. A única forma de não ser criticado é não fazendo nada.

MANTRA:
A única forma de não ser criticado é não fazendo nada.

Faça agora a sua ativação Atma Healing 3 Fogo (disponível na Parte 3 deste livro)

Depois, anote no espaço a seguir como você se sentiu e quais foram os seus principais insights durante essa prática:

_____
_____

Amanda **Dreher**

Semana 4

✧ Dia 3: **Dúvida**

O padrão de sofrimento emocional da dúvida faz parte do grupo do elemento ar, responsável pelas ideias, pela capacidade de enxergar novas oportunidades e de permitir que elas aconteçam na sua vida.

Quando esse padrão de sofrimento emocional está ativo, ele bloqueia o seu poder de realização e, sem que você perceba, as outras pessoas e o mundo lá fora acabam decidindo e escolhendo por você. A dúvida faz você duvidar do seu poder e da sua capacidade. Faz você duvidar do Universo e não acreditar no que você não consegue enxergar com seus olhos físicos. A dúvida impede você de perceber as transformações sutis, pois você já não consegue mais enxergar o "está acontecendo", já que reconhece apenas os extremos: "não acontece" e "aconteceu". A dúvida faz você desistir no meio do caminho.

Quando esse padrão de sofrimento emocional está ativo, você demora tanto para encontrar uma resposta, para formar uma opinião e decidir o que quer que, quando se dá conta, os outros já fizeram isso por você. Você até pode achar que está escolhendo, mas a dúvida impede você de ouvir a sua essência, e suas decisões são feitas com base no modelo de vida lá fora.

Sua vida é como um livro, que só você deve escrever. A cada novo dia, você tem uma página em branco esperando para ser escrita, preenchida com as suas escolhas, suas decisões, as histórias que o seu coração sonhou. E a cada dia que passa essa página é virada, e não tem como voltar atrás. No final da sua vida, quais serão as histórias que estarão escritas no livro da sua vida: os sonhos que você sonhou e realizou, em que você compartilhou suas habilidades, se realizou e foi feliz, ou o relato de que você apenas sobreviveu, fazendo o que dava para fazer?

Quando não é mais você quem está fazendo suas escolhas, não é mais você quem está escrevendo as histórias no livro da sua vida, e sim os outros. Mas se você está aqui, lendo este livro, é porque decidiu que nas páginas do livro da sua vida serão escritas as histórias mais incríveis e apaixonantes que o seu coração sonhou.

Você já sabe que essas histórias não vão ser lineares e que nem sempre tudo será perfeito. No entanto, você também sabe que a cada dia que passa, você estará evoluindo e se alinhando cada vez mais com a sua essência, despertando o poder de cura da sua alma.

Você sabe que uma história apaixonante, como em um filme ou um livro, tem movimento e, portanto, oscilações: tem altos e baixos, desafios e superações. Porém, quando você ativa o seu Alinhamento Vibracional Máximo, essas oscilações se tornam cada vez menores. Quando surgem desafios, você já não os enxerga mais como problemas e dificuldades, mas como oportunidades de crescimento. Você pensa: o que esse desafio está querendo me ensinar? O que essa situação está exigindo de mim, para que eu mude e aprenda? Como eu posso ser melhor a partir disso?

Esse é o sentido de uma história de vida extraordinária e apaixonante: **você é maior do que qualquer desafio!** Não importa o tamanho do problema ou da dificuldade, o que importa é o seu tamanho.

O padrão de sofrimento emocional da dúvida faz com que você perca o seu foco, e você já não tem mais a clareza e a certeza absolutas de qual é o seu caminho, de qual é a direção que você deve seguir.

Amanda **Dreher**

Deixe-me compartilhar uma história aqui com você:

Há muitos e muitos anos, nas montanhas do Himalaia, vivia um grande mestre iogue com os seus discípulos, e ele era o arqueiro mais habilidoso da região.

Certo dia, ele convidou um de seus discípulos para ir até a floresta e pediu:

— Pegue o arco e a flecha que vamos praticar.

Chegando na floresta, o mestre perguntou ao discípulo:

— Está vendo aquele pássaro? Vou acertar no bico dele!

O discípulo sabia que, se o mestre disse que iria acertar, é porque ele realmente iria acertar. Então, o mestre, com o arco e flecha na mão, pediu:

— Vende os meus olhos que eu vou mostrar para você como se faz!

Com os olhos vendados, o mestre, então, posicionou-se e apontou o arco e a flecha, enquanto o discípulo observava atentamente, com uma certeza absoluta, dentro de si, de que o mestre iria acertar. A flecha, porém, passou a metros de distância do alvo.

Então, o discípulo, frustrado, disse:

— Nossa, mestre, você errou!

E o mestre respondeu:

— Sim, errei, porque quando você está com os seus olhos vendados, quando você não tem o seu foco em vista, por mais habilidade e talento que tenha, você nunca vai conseguir chegar no seu objetivo.

Gosto muito desta história porque ela nos faz entender que tão importante quanto desenvolver seus talentos, habilidades e potencial é, também, ter um foco, uma direção, saber o que quer, saber o que o seu coração deseja. Saber quais são as histórias que você quer escrever no livro da sua vida.

No início do processo do Atma Healing, pode ser que você ainda não tenha clareza do que realmente quer. Mas, a cada dia que for avançando, estudando e fazendo as ativações, os padrões de sofrimento emocional vão sendo desativados e você vai se alinhando cada vez mais com a sua essência.

Dessa forma, a clareza vai surgindo e você vai ganhando foco. Ter foco é focar em uma coisa de cada vez. Se você focar em tudo, não é mais foco.

A vida é feita de ciclos, e em cada um deles o seu foco consistirá em superar ou realizar um determinado sonho e objetivo. Quando você realiza esse sonho e objetivo, é porque chegou ao final desse ciclo e precisa ir para o próximo nível, começar outro. Isso é evoluir.

Neste momento, seu foco pode consistir em: superar a ansiedade, fazer uma mudança profissional, encontrar um novo relacionamento, ou terminar um relacionamento em que há anos você não consegue colocar um ponto final, dentre outras coisas. Fato é que, a partir do momento que você tem um foco definido, um único objetivo, você é capaz de concentrar sua energia numa única direção e, com isso, obter um resultado muito mais rápido. O mais incrível é que, além disso, outras coisas também começam a melhorar, pois sua vibração foi elevada.

Agora, se você tentar focar em várias coisas ao mesmo tempo, o foco fica difuso, e a sua energia, dividida, levando você a se esforçar muito mais para conseguir realizar o que deseja. Quando o padrão de sofrimento emocional da dúvida está ativo, você perde o foco e a clareza, passando a andar em círculos.

A pior dúvida que existe é duvidar de si mesmo, de quem você é de verdade, não saber o que quer e nem quais são os seus dons, talentos e habilidades. Quando você sabe quem é e por que faz o que faz, saber O QUÊ você faz e COMO você faz será muito mais fácil.

Quando você duvida do seu poder, do seu potencial, da sua força, você deixa de acreditar em si mesmo. E, se você não acreditar em você, quem vai acreditar?

Você precisa aprender a manter o foco naquilo que você deseja e em si mesmo, no seu potencial, no seu alinhamento com a sua essência, o seu Eu de Verdade.

O padrão de sofrimento emocional da dúvida não te deixa decidir e, muitas vezes, faz com que você se omita e não consiga fazer o que precisa fazer. A pior decisão que você pode tomar é a de não decidir, porque só o fato de você não decidir já é uma decisão.

MANTRA:
Não é o que você faz esporadicamente que gera resultados na sua vida. É o que você faz H.A.D.!

Faça agora a sua ativação Atma Healing 4 Ar (disponível na Parte 3 deste livro)

Depois, anote no espaço a seguir como você se sentiu e quais foram os seus principais insights durante essa prática:

_____
_____
_____

Semana 4

✧ Dia 4: **Orgulho e vergonha**

O padrão de sofrimento emocional do orgulho e da vergonha faz parte do grupo do elemento terra, e quando ele está ativo você fica com sua vibração muito baixa, perde o seu brilho natural e sua capacidade de atrair e materializar seus sonhos. O orgulho e a vergonha anulam você. Quando esse padrão oculto está ativo, você não consegue olhar para a sua própria história e sentir amor, gratidão e reconhecimento. Você se torna duro e rígido consigo mesmo, com os outros, com a sua história de vida. Se fecha para a vida e não aceita outros pontos de vista. Você sai do fluxo e se desalinha completamente da sua essência.

O orgulho e a vergonha andam juntos. Na verdade, o primeiro é um disfarce do segundo. Uma pessoa que é muito orgulhosa guarda um sentimento de vergonha dentro de si, e, na tentativa de se proteger, ela usa o orgulho para não mostrar que sente vergonha. Inconscientemente, ela acredita que precisa ser forte. Orgulho é você ter vergonha de se expor.

A pessoa com esse padrão de sofrimento emocional ativo tem muitas feridas emocionais não curadas. Sua vida não foi fácil, e por levar tanta pedrada e tanto tombo, não conseguiu dar conta de tudo e acabou sendo engolida pelos desafios.

Para explicar melhor como esse padrão de sofrimento emocional atua, gosto muito de usar o exemplo da árvore.

Para que uma árvore se mantenha forte e produtiva, ela precisa ter raízes fortes e profundas. É por meio de suas raízes que ela recebe a nutrição e força necessárias para se manter estável em meio às tempestades e vendavais.

Amanda **Dreher**

Toda árvore tem seu ciclo: no outono, suas folhas ficam amarelas e começam a cair; no inverno, ela está completamente nua, pois perdeu todas as suas folhas; na primavera, novas flores e folhas de um verde brilhante começam a nascer; e, no verão, as flores se transformam em lindas e saborosas frutas.

A árvore possui uma inteligência natural, que a mantém em alinhamento com o fluxo da abundância do Universo: ela solta o que precisa soltar; produz a fruta que foi feita para produzir, sem tentar produzir qualquer outra coisa que não seja o que está no seu DNA; e se mantém firme na terra, com suas raízes profundas.

Entrar em Alinhamento Vibracional Máximo é se permitir estar em contato com essa Inteligência Maior que rege todas as formas de vida. É desativar o padrão de sofrimento emocional do apego, sabendo exatamente quando é hora de soltar, de deixar ir e seguir em frente, sem medo de ficar nu e enfrentar o inverno, porque você tem a confiança absoluta de que, sempre depois do inverno, vem a primavera. É saber exatamente qual é a sua Identidade da Alma, quais são os seus talentos e habilidades e servir ao mundo sem tentar ser o que você não é. Sem tentar ser o que os outros querem que você seja. Desativar o padrão de sofrimento emocional do orgulho e da vergonha é honrar suas raízes, suas histórias de vida e sua ancestralidade.

Se, neste momento, existem situações do seu passado que você deseja esquecer e apagar da sua história, é porque esse padrão oculto está ativo. Tudo o que você viveu faz parte de você, te fez ser quem você é hoje. Tudo é aprendizado. Tudo tem um propósito.

Se, neste momento, ainda existe algum ressentimento, frustração, cobrança ou qualquer tipo de julgamento em relação aos seus antepassados, é porque esse padrão oculto está ativo. É preciso agradecer a todos os que vieram antes de você e que te permitiram estar aqui hoje e ser quem você é, aceitando

Cura **da Alma**

os diferentes níveis de consciência e evolução, e a natureza humana perfeitamente imperfeita de cada um.

Desativar esse padrão de sofrimento emocional, honrar e agradecer às suas raízes, o seu passado e a sua história de vida é se permitir acessar o seu potencial de força e sabedoria, para ter a coragem necessária de seguir em frente e realizar a vida que você sonhou.

MANTRA:
Na vida não existem erros, apenas aprendizados!

Faça agora a sua ativação Atma Healing 1 Terra (disponível na Parte 3 deste livro)

Depois, anote no espaço a seguir como você se sentiu e quais foram os seus principais insights durante essa prática:

_____
_____
_____

Amanda **Dreher**

Semana 4

✧ Dia 5: **Vitimização**

O padrão de sofrimento emocional da vitimização rouba completamente o seu poder de ser um criador intencional da sua realidade, pois faz com que você se torne uma vítima da projeção dos outros. Esse talvez seja um dos padrões de sofrimento emocional mais difíceis de serem superados, porque quando está ativo, ele te deixa confortável, e, além disso, está sempre atuando em conjunto com outros padrões ocultos, tais como: culpa, mágoa, orgulho e vergonha, não merecimento, dependência emocional, rigidez e insegurança.

Eu sofri com o padrão de sofrimento emocional da vitimização por muitos anos, e hoje consigo olhar para trás e enxergar o quanto ele sempre esteve me acompanhando, como uma sombra, bloqueando e travando a minha vida.

A vitimização surge quando as coisas não saem como o planejado, e, ao invés de buscar o aprendizado e readequar sua rota e seguir em frente, você fica remoendo o erro, com pena de si mesmo, acreditando que não é bom o bastante ou que não é capaz. O padrão de sofrimento emocional da vitimização te deixa em uma postura passiva, rouba a sua vontade, a sua motivação, o seu poder de ação. Se existe vitimização ativa, não existe responsabilidade, e sem assumir a sua responsabilidade não há como aprender com os erros e desafios para, assim, atingir novos níveis de prosperidade e felicidade. Você fica andando em círculos.

Esse padrão oculto faz com que você caia na armadilha da falsa espiritualidade; já falamos sobre isso nos capítulos anteriores. Isso acontece porque, no seu inconsciente, existem registros de que aquela pessoa que é boazinha, coitadinha, é a pessoa que "vai para o Céu", e são justamente esses registros que deixam esse padrão de sofrimento emocional tão forte.

Quando a vitimização está ativa, você se torna aquela pessoa querida, bondosa, gentil e prestativa que é tudo isso na tentativa de preencher o vazio que sente dentro de si, pois precisa desesperadamente sentir-se amado. Acontece que esse amor que você busca nunca será encontrado do lado de fora, nos outros, mas dentro de você, e nascerá quando você decidir ter a força e coragem para ser quem nasceu para ser e ter uma postura ativa na vida, assumindo suas responsabilidades.

Deixe-me compartilhar uma história sobre esse assunto:

Há muitos anos, numa linda fazenda, viviam vários cavalos. Nessa fazenda havia um poço, que apesar de já estar velho e desativado, ainda estava aberto. Certo dia, quando os cavalos passavam próximo ao poço, um deles se descuidou e acabou caindo dentro do poço. O cavalo ficou lá relinchando sem parar, até que o fazendeiro ouviu e foi ver o que havia acontecido.

Chegando próximo ao poço, o fazendeiro pegou sua lanterna e viu que o cavalo estava lá no fundo, todo machucado. Depois de pensar bastante no que fazer, concluiu que não tinha como tirar o cavalo do fundo do poço, pois naquela época não havia nenhum equipamento capaz de fazer isso.

Então, o fazendeiro reuniu os funcionários da fazenda e disse:

— Encham a carroça de terra e vamos fechar o poço com terra, para acelerar o processo da morte do cavalo, pois não temos o que fazer, ele vai morrer de qualquer jeito preso no poço.

Amanda **Dreher**

Mesmo com o coração apertado, os funcionários encheram a carroça de terra e vários deles, cada um com a sua pá, começaram a jogar a terra dentro do poço. Todos estavam muito tristes porque gostavam muito daquele cavalo, mas, mesmo assim, foram jogando aquela terra aos poucos dentro do poço.

Quando o poço já estava quase cheio de terra, eles tiveram uma incrível surpresa: notaram que o cavalo estava em cima daquela terra toda! Sim! O cavalo usou a terra para subir e sair do fundo do poço!

Ao perceberem que estavam ajudando o cavalo a subir, os funcionários continuaram colocando mais e mais pás de terra, até que o animal conseguiu sair de dentro do poço completamente.

Gosto muito dessa história porque, ao longo da vida, todos nós vamos receber muitas e muitas pás de terra. Contudo, a escolha de ser uma vítima e ser soterrado por toda essa terra, ou de utilizá-la para crescer e evoluir é de cada um.

Você precisa aprender a ter maturidade emocional e assumir suas responsabilidades, porque é isso que fará de você um criador intencional da sua realidade, capaz de escrever as histórias mais incríveis e apaixonantes no livro da sua vida.

MANTRA:
Eu escolho ser autor da minha vida!

Faça agora a sua ativação Atma Healing 2 Água (disponível na Parte 3 deste livro)

Depois, anote no espaço a seguir como você se sentiu e quais foram os seus principais insights durante essa prática:

_____
_____
_____

Semana 4

✧ Dia 6: **Intolerância e autocobrança**

O padrão de sofrimento emocional da intolerância e autocobrança faz parte do grupo do elemento fogo, e destrói sua energia pessoal e os seus relacionamentos.

Respire fundo algumas vezes, e responda para si mesmo:

1. Você fica muito impaciente com os outros?

2. Qual é o seu nível de tolerância com as pessoas?

3. Qual é o seu nível de tolerância com você mesmo?

4. Parece que as pessoas fazem tudo muito devagar? Você acha que ninguém acompanha seu ritmo?

5. Parece que ninguém compreende você e nem entende o seu jeito de ser?

Se isso acontece, é porque você tem o padrão de sofrimento emocional da intolerância ativo.

O padrão de sofrimento emocional da intolerância e autocobrança faz com que você não consiga sentir gratidão pela vida, porque está sempre julgando o que é certo e o que é errado, como se dentro de você existisse um juiz que julga a tudo e a todos. Esse padrão oculto faz com que você cobre uma perfeição de si mesmo; nada do que você faz está bom o bastante, e isso o leva a uma eterna insatisfação. Quando menos percebe, essa cobrança e intolerância se estendem para as pessoas que você mais ama.

Cada pessoa tem um jeito único e especial de ser; cada um tem uma Identidade de Alma e seu próprio ritmo. Algumas pessoas são mais aceleradas, outras são mais lentas, e está tudo bem. Entender e aceitar o seu jeito de ser, e entender e aceitar o jeito de ser das outras pessoas evita muitos conflitos nos relacionamentos. Amor incondicional é aquele que respeita as diferenças.

O amor incondicional na verdade é o único amor que existe, porque o amor condicional é fácil: amar uma pessoa porque ela gosta das mesmas coisas que você, ou porque ela faz as coisas e se comporta do jeito que você acha que é certo, é muito simples! "Eu gosto de você se você fizer tudo como eu quero", "Não gosto de você quando você não atende minhas expectativas e necessidades".

As escolhas e o comportamento dos outros são assuntos dos outros, está lembrado? Logo, se a pessoa quer comer carne ou não, por exemplo, isso diz respeito à escolha dela e ao corpo dela, à saúde dela, à filosofia de vida e às crenças dela.

O padrão de sofrimento emocional da intolerância faz com que você entre em um processo de julgamento, de críticas e de cobranças em relação às pessoas, e isso trava a sua vida

Cura da Alma

e afasta as pessoas de você. Consequentemente, você se sente emocionalmente isolado e cada vez mais sozinho.

Julgue menos, aceite mais. Critique menos, agradeça mais. Esse é o lema para desativar esse padrão de sofrimento emocional. Quanto mais você agradece, mais motivos o Universo vai achar para você agradecer e mais coisas boas vão acontecer na sua vida, pois o Universo simplesmente ama a gratidão.

Por isso, comece a trabalhar com as situações que te acontecem e a aceitação com as outras pessoas. Esse é o poder! Essa aceitação fará com que você se sinta grato. As coisas não são perfeitas do jeito que você quer, as pessoas não são perfeitas do jeito que você acha, mas você ama a vida e as pessoas mesmo assim, porque sente gratidão.

MANTRA:
O Universo AMA gratidão!

Faça agora a sua ativação Atma Healing 3 Fogo (disponível na Parte 3 deste livro)

Depois, anote no espaço a seguir como você se sentiu e quais foram os seus principais insights durante essa prática:

_____
_____
_____

Amanda **Dreher**

Semana 4

✧ Dia 7: **Medo do desconhecido**

O padrão de sofrimento emocional do medo do desconhecido não te permite iniciar o seu processo de mudança. Você planeja, planeja, sonha, tem boas intenções, mas não entra em ação. Esse padrão oculto faz com que você tenha medo do novo, do que é desconhecido, pois existe uma necessidade inconsciente de se sentir seguro.

Imagine que você queira fazer uma viagem do Rio de Janeiro para São Paulo. Quando o padrão de sofrimento emocional do medo do desconhecido está ativo, você para na saída da sua garagem e diz "Hummmm, mas eu não estou enxergando São Paulo", quando tudo o que você precisa fazer é se colocar em movimento e seguir as placas e sinais que a vida vai colocando no seu caminho. Você enxerga 10 metros a sua frente, anda esses 10 metros, enxerga mais 10 metros e assim por diante. Você nunca vai ter todas as respostas nem enxergar o caminho completo.

Quando você busca um trabalho em que tenha segurança e estabilidade, quando você não termina um relacionamento que não te faz mais feliz, quando você espera as coisas melhorarem para depois fazer o que precisa ser feito, é porque o medo do desconhecido está bloqueando a sua vida. Esse medo faz você andar em círculos, e mesmo que você tente mudar, fazer diferente, você não muda de verdade, não muda o que realmente precisa ser mudado. Então, você acaba se iludindo, acreditando que dessa vez será diferente quando, no final das contas, terá os mesmos resultados. E aí você se sente frustrado e passa a acreditar que o problema é com você.

Cura da Alma

Pessoas com o padrão de sofrimento emocional do medo do desconhecido ativo em suas vidas começam a apresentar problemas crônicos, ou seja, que perduram por muito tempo. Elas estão há anos com um mesmo problema de saúde, uma mesma crise no casamento, uma mesma crise financeira... O medo do desconhecido aprisiona você no Ciclo do Fracasso: você se sente infeliz com a sua atual situação, faz alguma coisa para mudar, sente uma pequena melhora e, logo depois, percebe que voltou para o mesmo lugar, para a mesma insatisfação, pois não se permitiu correr riscos ou enfrentar o desconforto inicial temporário.

Mas como superar esse padrão oculto? A resposta é simples: ativando a sua fé, acreditando mais em você mesmo, acreditando mais no fluxo do Universo, deixando de racionalizar tanto e de querer saber tudo nos mínimos detalhes, deixando de querer controlar o processo e abrindo mão do controle. Saiba que o que você precisa é saber O QUE você quer, porque o COMO vai acontecendo; o caminho vai sendo revelado durante o processo. Tenha mais confiança no fluxo da vida, sabendo que existe uma Força Maior do que você e que rege a existência.

Se não vencer esse medo do desconhecido, nada novo chegará na sua vida e você continuará na mesmice de sempre: com os mesmos relacionamentos, as mesmas conversas, o mesmo nível de energia, a mesma insatisfação, a mesma quantidade de dinheiro, pois as coisas não conseguem evoluir e prosperar na sua vida. Quando esse medo está ativo, é como se você puxasse o freio de mão do carro e ficasse acelerando. Você até tem boas ideias, mas não consegue entrar em movimento para colocar essas ideias em ação.

Intenção sem ação é pura ilusão. Ação sem intenção é pura distração. Não adianta você ser uma pessoa cheia de boas intenções e ideias incríveis se não agir na direção dessas intenções e dos seus sonhos. Não adianta ser uma pessoa que faz mil coisas, mas não ter uma intenção clara e um objetivo definido, apenas gastando seu tempo, sua energia, e ocupando-se para não chegar em lugar nenhum.

É preciso superar esse medo do desconhecido sabendo que você não precisa ter todas as respostas, não precisa saber tudo. Deixe a vida te surpreender. Deixe as infinitas possibilidades se manifestarem na sua vida. Não tente controlar e racionalizar.

Faça a sua parte se alinhando com a sua essência, com o seu Atma, sendo seu Eu de Verdade. Compartilhe o seu melhor com a vida, coloque seus dons, talentos e habilidades à disposição do Universo, e a vida vai dar o melhor que ela tem para você. Você vai entrar no fluxo!

MANTRA:
Intenção sem ação é pura ilusão. Ação sem intenção é pura distração.

Faça agora a sua ativação Atma Healing 4 Ar (disponível na Parte 3 deste livro)

Depois, anote no espaço a seguir como você se sentiu e quais foram os seus principais insights durante essa prática:

_____
_____
_____

@amandaldreher

É preciso superar esse medo do desconhecido sabendo que você não precisa ter todas as respostas, não precisa saber tudo.

Semana 5

✦ Dia 1: **Alinhamento Vibracional Máximo**

Durante os últimos 28 dias, você mergulhou no conhecimento dos 28 padrões de sofrimento emocional, estudando, analisando e desativando um por um.

Desativar os padrões ocultos, porém, é um processo contínuo e ascendente, no qual você irá desativar camada por camada, reequilibrando o fluxo de energia dos 4 elementos essenciais e entrando em alinhamento com a sua própria essência. Quanto mais você vai repetindo esse processo, mais intenso será o seu estado de Alinhamento Vibracional Máximo.

O Alinhamento Vibracional Máximo é um estado elevado de energia e vibração, no qual você se sente feliz e as coisas dão certo para você, pois sua vida destrava. Ele te permite ter clareza e confiança para superar os desafios e continuar sempre em busca do seu próximo nível: de saúde, de realização, de prosperidade, de felicidade – sempre seguindo na lei da evolução constante.

Contudo, o estado de Alinhamento Vibracional Máximo só acontece a partir do momento que existe um equilíbrio no fluxo de energia dos 4 elementos essenciais, e aqui, na Parte 2 deste livro, você encontra a explicação de como a teoria dos 4 elementos funciona na sua vida. Se precisar, releia estas páginas.

Quando desativa os padrões de sofrimento emocional, você remove os bloqueios que travavam o seu fluxo de energia, como se retirasse aquela pedrinha que está desviando ou obstruindo o fluxo da água em um rio. Com isso, sua energia volta a fluir e você está pronto para reequilibrar os 4 elementos essenciais.

Cura **da Alma**

Quando eles estão em equilíbrio, tudo flui na sua vida: você se sente com a energia elevada, conhece pessoas novas, os relacionamentos melhoram, a vida financeira prospera, novas oportunidades surgem, você encontra as respostas e soluções de que precisa... Enfim, você entra num fluxo harmonioso: em Alinhamento Vibracional Máximo.

Na vida, não é questão de sorte ou azar, é questão de estar em Alinhamento Vibracional Máximo. Não é questão de ter que se esforçar mais, é questão de estar em Alinhamento Vibracional Máximo e permitir que o Universo atue através de você. É questão de estar em perfeito alinhamento com a sua essência, de estar com todo o poder de cura da sua alma ativado, consciente de que você é a Energia Essencial em ação.

É ter a certeza de que você não é um ser isolado, mas que faz parte do Todo. É ter a confiança inabalável de que estamos todos conectados, de que somos todos parte dessa grande inteligência chamada Universo. É saber que cada um tem o seu papel, que cada um tem o seu propósito, uma missão a cumprir, e que apenas quando você cumpre a sua missão é que você se sente feliz, amado e realizado.

Estar em Alinhamento Vibracional Máximo é estar aberto para dar e receber o melhor. É saber que tudo começa e termina em você. Que a sua realidade exterior é o reflexo da sua realidade interior. Que você está criando a sua própria realidade, consciente ou inconsciente, positiva ou negativa, o tempo todo.

É ter a humildade, a força e a coragem para ir sempre além e realizar tudo aquilo que o seu coração sonhar, porque se o seu coração sonhar, você é capaz de realizar.

MANTRA:
A vida é feita de ciclos: ou você vai para o próximo nível, ou você fica andando em círculos.

Faça agora a sua ativação Atma Healing 5 Completa (disponível na Parte 3 deste livro)

Depois, anote no espaço a seguir como você se sentiu e quais foram os seus principais insights durante essa prática:

_____
_____
_____

Semana 5

Dia 2: **Prosperidade emocional**

À medida que você vai desativando os padrões de sofrimento emocional, automaticamente vai despertando o poder de cura da sua alma. Esse poder, como você já sabe, não se limita apenas a uma cura física, mas é uma cura da alma, que inclui todas as áreas e dimensões da vida.

Existem quatro poderes de cura que são extraordinários e que gostaria de compartilhar com você aqui, neste livro, hoje e nos próximos dias.

O primeiro poder extraordinário é a prosperidade emocional. Esse poder representa abundância de energia, de saúde,

Cura **da Alma**

de ideias, de oportunidades, de pessoas incríveis, de recursos materiais e financeiros. A prosperidade emocional permite a você estar em uma vibração elevada, fazendo, assim, com que você se torne um criador intencional da sua realidade. Lembre-se, porém, que você só é verdadeiramente um criador da sua própria realidade a partir do momento em que desativa os padrões de sofrimento emocional e se alinha com a sua essência, o seu Eu de Verdade.

Ser um criador da sua realidade é muito mais do que repetir frases positivas ou palavras de poder. É saber quem você é e por que está aqui. É realizar o propósito da sua alma. Despertar esse poder é o que te permite trabalhar em algo que você ama, que te permite utilizar suas melhores habilidades e ser muito bem remunerado por isso.

A prosperidade emocional ativa o fluxo do "ganha-ganha", em que você ganha ao compartilhar seus talentos e habilidades, e a vida ganha ao receber seus talentos e habilidades. Lembre-se que tudo é energia, inclusive o dinheiro; e é uma forma de você ser recompensado pelo que faz de melhor.

A prosperidade emocional ativa um fluxo de menos esforço e mais resultado, pois para fazer aquilo em que você é bom, aquilo que é natural para você, não é preciso se esforçar. Basta apenas se concentrar em dar o seu melhor, e quando você dá o seu melhor para a vida, a vida dá o melhor dela para você.

MANTRA:
O Alinhamento Vibracional Máximo ativa o fluxo da prosperidade na minha vida.

Faça agora a sua ativação Atma Healing 5 Completa (disponível na Parte 3 deste livro)

Depois, anote no espaço a seguir como você se sentiu e quais foram os seus principais insights durante essa prática:

_____

_____

_____

Semana 5

✦ Dia 3: **Autoestima real**

O segundo poder extraordinário é a autoestima real, que nada mais é do que a capacidade de reconhecer o ser incrível que você é, muito além de cumprir com a ditadura da beleza e perfeição do mundo lá fora.

A autoestima real envolve reconhecer, aceitar e amar o ser humano perfeitamente imperfeito que cada um de nós é, sem esquecer de continuar o processo de evolução. Progresso, e não perfeição.

A autoestima real é a força que te permite olhar no espelho e saber quem é que está ali do outro lado. É o poder que ativa o seu brilho no olho e a sua vontade de viver.

Autoestima real é acordar de manhã com o cabelo amassado, sem maquiagem nenhuma, e ao ver os seus olhos brilhando, se sentir feliz em ser do jeitinho que você é. É deixar a comparação e as regras estúpidas do mundo fora da sua vida. É ter confiança em si mesmo e coragem para realizar seus sonhos, mesmo quando ninguém te apoia. É ter o poder para dizer sim e para

Cura **da Alma**

dizer não quando quiser, usando a sabedoria para estabelecer os seus próprios limites.

Autoestima real é saber que você merece o melhor que a vida tem para dar e não se contentar com nada menos que isso. Você merece a vida mais incrível e extraordinária que existir; merece realizar tudo aquilo que o seu coração sonhou.

Autoestima real é você saber quais são seus talentos e habilidades, saber qual é o seu potencial máximo de luz e investir sua energia para aperfeiçoá-lo ainda mais. E também é ter humildade para reconhecer sua sombra e acolher sua imperfeição.

Autoestima real é não depender dos outros para ser amado e valorizado, é você se amar e reconhecer o ser incrível e extraordinário que você é. Você merece ser amado, reconhecido e valorizado, por si mesmo e pelas outras pessoas, mas sem depender emocionalmente do amor e da aprovação dos outros.

Autoestima real é acreditar e confiar em você.

MANTRA:
O amor e o valor que você se dá é o mesmo amor e valor que os outros dão para você.

Faça agora a sua ativação Atma Healing 5 Completa (disponível na Parte 3 deste livro)

Depois, anote no espaço a seguir como você se sentiu e quais foram os seus principais insights durante essa prática:

_____
_____
_____

Amanda **Dreher**

Semana 5

✧ Dia 4: **Atração vibracional**

O terceiro poder extraordinário é a atração vibracional, que é capaz de fazer as coisas darem certo para você. O mínimo de esforço e o máximo de resultado.

É a atração vibracional que ativa a força magnética que te permite atrair as melhores oportunidades e pessoas incríveis para a sua vida, que faz com que você encontre as respostas e que as sincronicidades aconteçam.

A atração vibracional é conexão total com esse Universo inteligente que se comunica conosco o tempo todo, trocando energia e informação, atuando em você e através de você.

A atração vibracional é a maturidade emocional para assumir sua responsabilidade no processo de criação da realidade. É saber que foi você quem atraiu e criou a vida que você tem hoje, com seu nível de consciência e vibração do passado. E saber que a vida que você terá no futuro está sendo criada, neste exato momento, pelo seu atual nível de consciência e vibração. Essa vibração é composta por sentimentos e pensamentos, e é por isso que, para ativar a atração vibracional dos seus sonhos, é preciso, primeiro, desativar os padrões de sofrimento emocional dos quais já falamos.

A atração vibracional é ativada quando você tem clareza dos seus sonhos e objetivos, coragem para dar os primeiros passos e confiança e energia para prosseguir até o final. Quando esse poder está ativado, novas oportunidades surgem na sua vida, as coisas começam a dar certo para você e tudo flui, pois você está

Cura **da Alma**

em Alinhamento Vibracional Máximo. Esse novo estado permite a você enxergar e agarrar as boas oportunidades que estão aparecendo na sua vida. Você sente que a vida é um privilégio e que está crescendo e evoluindo, quando olha para trás e percebe quanta coisa mudou. Mudar é bom! É excelente! Mudar é um sinal de que você está em movimento, em evolução.

É o poder da atração vibracional que faz com que você seja uma fonte de inspiração para as pessoas ao seu redor, que você consiga ajudar aqueles a quem ama. A sua mudança, transformação e cura são a mais poderosa mensagem de esperança que você pode dar.

É a atração vibracional que te mantém em constante crescimento e evolução, sempre o impulsionando para o seu próximo nível, realizando um sonho e indo em direção ao próximo, sempre grato e sempre além, seguindo o fluxo da espiral da evolução.

É a atração vibracional que te permite aproveitar o caminho, e não apenas o ponto de chegada, fazendo com que você precise de menos esforço para chegar ao seu objetivo final e que tenha energia para continuar em movimento.

É a atração vibracional que permitirá a você expressar todo o seu potencial de luz e autenticidade, compartilhando sua melhor energia e atraindo, manifestando, criando a vida com a qual você sonha e tanto merece.

A atração vibracional é sobre você ser feliz e grato pela sua atual realidade e continuar buscando e evoluindo, sempre em direção ao seu próximo nível.

MANTRA:
Não existe um ponto de chegada.
Existe um caminho a ser trilhado!

Faça agora a sua ativação Atma Healing 5 Completa (disponível na Parte 3 deste livro)

Depois, anote no espaço a seguir como você se sentiu e quais foram os seus principais insights durante essa prática:

_____

_____

_____

Semana 5

✦ Dia 5: **Clareza intencional**

O poder extraordinário da clareza intencional é ter a clareza de quem você é e qual a sua missão aqui nesta vida.

Quando você nasceu, trouxe gravado na sua essência um propósito de vida, uma missão a cumprir. Você não está aqui nesta vida à toa. Sua missão, porém, não é um lugar a chegar, um destino, mas o que acontece durante o caminho rumo ao seu objetivo, e isso você só compreende quando ativa o poder da clareza intencional.

Você tem uma missão, e para isso existem vários caminhos que te levam ao seu objetivo; alguns mais rápidos, outros mais devagar; alguns mais fáceis e outros mais perigosos. Da mesma forma, existem caminhos que não te levam para onde você precisa chegar, e a clareza intencional é que te permite acessar esse conhecimento.

Você tem uma missão única, que é só sua, e também tem habilidades, dons e talentos únicos para realizar e cumprir essa missão.

Cura da Alma

Quando você está em alinhamento com a sua essência, no caminho da sua missão, se sente feliz e realizado, pois está no fluxo e as coisas dão certo para você. Quando você foca sua atenção e energia tentando criar uma vida que não está em alinhamento com a sua missão, nada flui.

A clareza intencional permite que você faça os ajustes de rota necessários para a realização dos seus sonhos e objetivos, para que você possa chegar aonde você quer e precisa chegar. Quando você tem essa clareza, confia em você e no fluxo do Universo.

A clareza intencional é o poder que mantém a sua mente e energia focadas e organizadas, em harmonia. Você sabe exatamente o porquê você faz o que faz, pois é uma pessoa com um propósito inabalável.

É a clareza intencional que te permite encontrar soluções criativas para os problemas e as dificuldades. Que te permite ter ideias e ações inspiradas. Que faz você sentir que você é a Energia Essencial em ação.

É a clareza intencional que te permite fazer o melhor e melhorar sempre. Como já vimos: progresso, e não perfeição.

É a clareza intencional que te permite conhecer a si mesmo e te liberta de toda a comparação e competição, permitindo que você seja quem você é de verdade. E essa é a maior de todas as liberdades: a liberdade de ser o seu Eu de Verdade.

MANTRA:
Fazer sempre o melhor e melhorar sempre!

Faça agora a sua ativação Atma Healing 5 Completa (disponível na Parte 3 deste livro)

Depois, anote no espaço a seguir como você se sentiu e quais foram os seus principais insights durante essa prática:

_____
_____
_____

Semana 5

Dia 6: Lei da Ação e Reação - o Karma

O Universo funciona através de leis naturais, e nos capítulos anteriores você viu algumas delas: Lei da Atração Vibracional, Lei do Semelhante, Lei do Vácuo... Agora, quero compartilhar com você a Lei da Ação e Reação, ou Karma.

Karma é uma palavra do idioma sânscrito que, literalmente, significa ação. Ela não significa nenhuma forma de peso ou punição, apenas ação.

Como você deve estar lembrado das aulas de Física no colégio, toda ação produz uma reação. A Terceira Lei de Newton diz que "para toda força de ação existe uma força de reação que possui o mesmo módulo e direção, porém em sentido contrário". **Simplificando: na vida, tudo volta.**

Tudo o que você pensa, sente e faz volta para você. Quando você ajuda uma pessoa a superar uma dor, essa ajuda vai voltar para você. Quando sente raiva de uma pessoa, essa raiva vai voltar para você.

A vida, Deus, o Universo sempre vai responder você na mesma vibração em que você está. É preciso limpar aquele conceito de um Deus julgador e punitivo, que anota todas as suas falhas em um caderno para, um dia, você pagar. Nada disso! Deus, o Criador, é uma energia amorosa que está presente em tudo e todos. Ele está em você e além de você.

A Lei da Ação e Reação é apenas o ato de colher aquilo que você plantou. Imagine que o tempo todo você está plantando sementes: cada pensamento, sentimento, ação, é uma semente que você planta. Quando essa semente vai germinar? Será no momento certo, e não no momento que você quer, ou que acredita ser o certo.

Algumas sementes podem levar mais tempo do que outras para germinar e brotar, talvez até de uma vida para outra, já que somos uma consciência infinita e ilimitada. Outras sementes germinam e brotam muito rapidamente, e você já pode colher seus frutos.

A questão é: quais são as sementes que você tem plantado? Se você não plantar e cuidar das sementes dos seus sonhos, eles nunca irão frutificar.

Tudo o que você tem hoje, na sua vida atual, foi você quem plantou. A Lei do Karma permite aprofundar o conhecimento de que não existem vítimas, culpados ou vilões. Positiva ou negativamente, consciente ou inconscientemente, você é criador da sua realidade.

Desativar os padrões de sofrimento emocional é ser livre para escolher quais as sementes que você quer plantar. Despertar o poder de cura da sua alma é ter a coragem e a energia para plantar e cuidar das sementes que representam a verdade da sua alma.

Amanda **Dreher**

MANTRA:
Você só ilumina um caminho se sua luz interna estiver brilhando!

Faça agora a sua ativação Atma Healing 5 Completa (disponível na Parte 3 deste livro)

Depois, anote no espaço a seguir como você se sentiu e quais foram os seus principais insights durante essa prática:

_____
_____
_____

@amandaldreher

Sim,
chegou a hora
de reassumir o
controle da sua vida
e sentir-se realizado
e feliz de verdade.

Amanda **Dreher**

Semana 5

✧ Dia 7: **Lei da Espiral da Evolução**

Hoje é dia de celebrar o seu processo de transformação, cura e evolução, e para encerrar este plano de 5 semanas com a melhor energia, vamos aprofundar a Lei da Espiral da Evolução.

Na vida, tudo está em movimento: ou você está crescendo, ou está morrendo. E todo movimento acontece de forma espiralada: a Espiral da Evolução!

Uma espiral é uma linha que cresce continuamente na direção do seu próprio centro ou para fora dele mesmo. Desde a formação de embriões, galáxias, plantas, furacões, redemoinhos, tudo se cria a partir da espiral, um movimento de crescimento equilibrado e natural.

A Espiral da Evolução é um caminho de crescimento que te permite resolver os conflitos e expandir seu nível de consciência, para que cada vez mais você se mantenha em alinhamento com a sua essência, o seu Eu de Verdade.

A linha central da Espiral da Evolução representa o seu centro de poder, cura e realização: o alinhamento com a sua essência, a sua alma. Quando você está alinhado com a sua essência, sendo o seu Eu de Verdade, você experimenta felicidade, alegria, bons relacionamentos e tudo dá certo para você, pois você está no fluxo, em Alinhamento Vibracional Máximo. Mesmo quando surgem problemas ou dificuldades, quando está nesse estado, você tem a sabedoria e a força necessárias para superá-los e entender que esses percalços nada mais são do que oportunidades de aprendizado.

Cura **da Alma**

Contudo, quando você se afasta da sua essência, do seu Eu de Verdade, quando está dominado pelos padrões de sofrimento emocional, as coisas não dão certo e você sente que sua vida trava, pois você se esforça muito e não tem resultado. Você não consegue se sentir feliz de verdade porque saiu do alinhamento, do fluxo. Sendo assim, toda dor e sofrimento não são uma forma de punição da vida, mas um chamado para você voltar para o centro, para o alinhamento com a sua essência.

Observe que, na base da espiral da evolução, o círculo ao redor possui uma volta bem maior do que no topo: isso significa que quanto menor o seu nível de consciência, maior é o afastamento da sua essência e mais tempo leva para você conseguir se realinhar. Por outro lado, quanto mais você estuda, evolui e expande sua consciência, menor é o afastamento da sua essência. Você pode até se afastar um pouquinho, mas logo consegue voltar para seu centro e se alinhar com sua essência.

No início, a distância entre a sua essência é grande, e à medida que você vai evoluindo e expandindo a sua consciência, você experimenta uma nova dimensão da existência. É como se você começasse no primeiro andar de um prédio, onde não consegue enxergar muita coisa, não entende muita coisa, e percebe a vida como uma experiência limitada. Então, você vai subindo, subindo, expandindo sua consciência, se alinhando com sua essência e, quando vê, você chegou no vigésimo andar! E ali, do alto, você percebe um horizonte infinito à sua volta, repleto de oportunidades. Você se sente livre, feliz, e o melhor: descobre que pode continuar subindo, subindo e subindo, num caminho sem fim. Sempre vai existir um próximo nível.

Desativar os padrões de sofrimento emocional e se alinhar com a sua essência é um processo contínuo e ascendente, porque a vida está acontecendo, sempre em movimento, sempre em evolução: ou você está crescendo, evoluindo, prosperando, com sua energia em expansão, ou está sobrevivendo, morrendo, e a pior morte que existe é a morte em vida.

A cada dia da sua vida, você tem uma página em branco esperando para ser escrita com as histórias mais incríveis e apaixonantes que o seu coração sonhou. No final do dia, essa página é virada, e não tem como voltar atrás.

A sua vida, a sua missão, a sua felicidade não são algo que vai acontecer um dia, mas algo que está acontecendo agora!

Tempo é vida, e a vida tem um tempo limitado. **Você já tem tudo que precisa para ser feliz!**

MANTRA:
Tempo é vida, e a vida tem um tempo limitado!

Faça agora a sua ativação Atma Healing 5 Completa (disponível na Parte 3 deste livro)

Depois, anote no espaço a seguir como você se sentiu e quais foram os seus principais insights durante essa prática:

_____
_____
_____

@amandaldreher

Quando você dá o seu melhor para a vida, a vida dá o melhor dela para você!

Parte 3
AS ATIVAÇÕES ATMA HEALING

A técnica de ativação Atma Healing

Como vimos, as ativações Atma Healing atuam desativando os padrões de sofrimento emocional, reequilibrando os 4 elementos essenciais e despertando a energia de cura da sua alma, ativando o seu Alinhamento Vibracional Máximo. Essas ativações atuam na camada mais profunda da sua mente, o subconsciente, e no seu campo eletromagnético, alterando a sua vibração de forma imediata.

Cura **da Alma**

Existem dois níveis de Ativações Atma Healing:

NÍVEL 1
São as cinco ativações que você encontra em texto na Parte 3 deste livro, uma para cada elemento, mais uma ativação completa que trabalha os 4 elementos de uma única vez. Esse conteúdo também está disponível em áudio 8D no programa on-line de acompanhamento Atma Healing Infinity. Vale destacar que, fazendo as ativações conforme indicado aqui no livro, você já perceberá mudanças na sua vida, ou seja, os áudios são um complemento para quem quiser se aprofundar na técnica, mas não são indispensáveis.

NÍVEL 2
São as ativações conduzidas por um terapeuta Atma Healing. Essas ativações fazem parte da Formação Atma Healing, e para você saber mais sobre como se tornar um terapeuta certificado Atma Healing, acesse o QR Code da página 217.

As ativações Atma Healing podem ser feitas por qualquer pessoa e em qualquer lugar: sentado, deitado, em pé ou, até mesmo, caminhando. Podem, inclusive, ser feitas com os olhos abertos ou fechados. Você também pode colocar uma música suave e relaxante para alcançar uma experiência mais profunda com a ativação. No meu aplicativo Namastê® (appnamaste.com) você irá encontrar excelentes músicas de fundo, sons binaurais ou mantras que poderão ser utilizados no momento de ler a sua ativação do dia. Agora, se você for conduzir e ler a ativação Atma Healing em voz alta, é importante manter um tom de voz suave. E eu preparei um presente especial para você: uma Ativação Atma Healing de Alívio Imediato em vídeo e áudio, com som 8D, para você fazer junto comigo. Ele está disponível por meio do QR Code da página 217 deste livro.

Amanda **Dreher**

As ativações Atma Healing estão estruturadas em 4 etapas, sendo que as três primeiras sempre serão iguais em todas elas.

Cada uma dessas etapas possui um objetivo:

ETAPA 1

Fluxo duplo

Para influenciar o seu campo de energia e reprogramar seu corpo e sua mente para a cura e o novo estado de ser que você deseja alcançar, é preciso fazer com que o seu corpo funcione de forma mais equilibrada e integrada.

O fluxo duplo atua desbloqueando e harmonizando o fluxo de energia vital (prana) através da inspiração e expiração em tempos iguais (4 segundos). Ele tem o objetivo de relaxar a mente e elevar sua vibração.

Esse fluxo ativa um estado de permissão que desperta o poder de autocura do corpo e da mente por meio da cromoterapia com a cor verde, que promove cura e equilíbrio.

ETAPA 2

Portal do coração

O coração tem um portal que te permite acessar a sua essência, a sua consciência infinita e ilimitada. Para despertar a energia de cura da sua alma, é preciso, antes, limpar e elevar a energia do chakra do coração.

No centro do corpo, no coração do ser, nasce uma corrente de energia equilibrada que nos conecta com a Energia Divina, como se fosse um portal. Quando existem memórias de dor e sofrimento, padrões de sofrimento emocional ativos, a energia fica estagnada na região do coração. Porém, ao esfregar as mãos, você ativa o funcionamento dos chakras das mãos

Cura **da Alma**

e, consequentemente, o fluxo de energia vital desses centros de energia.

Ao utilizar os giros no sentido anti-horário, você utiliza um movimento de radiestesia, que limpa e desprograma a energia estagnada. Ao fazer o giro no sentido horário, você ativa um fluxo de energia elevada de conexão com a Consciência Divina, a Energia Essencial, presente em seu coração.

Coerência

O centro do coração é o centro da unidade, integridade e consciência unitária. É onde os extremos se atraem, representando a união das polaridades.

Pense nesse centro como sua ligação ao campo unificado. Quando ativado, passará de estados egoístas a altruístas. Quando você ativa um estado de coerência cardíaca, eleva sua vibração e amplia o seu campo magnético.

Um campo magnético é uma energia, que é, por sua vez, uma frequência, e todas as frequências transportam informação. Essa informação transportada pode ser uma intenção, um pensamento ou uma ativação; por isso, logo após a coerência, é recomendado que você repita a sequência de ativação Atma Healing.

Ativar a coerência é ativar um fluxo de energia coerente e em harmonia, permitindo, assim, que o processo de cura aconteça em todos os níveis: físico, mental, emocional e espiritual.

Segundo os estudos de Esther e Jerry Hicks, uma visualização leva cerca de 68 segundos para produzir efeitos no seu campo magnético, e é por isso que permanecemos na coerência por esse tempo.

A SUA ativação

Nesta última etapa, você irá repetir mentalmente a sua ativação Atma Healing, a ativação que você escolheu trabalhar neste momento.

Como expliquei, no Nível 1 você irá aprender 5 ativações, uma para cada elemento mais a ativação completa, que trabalha os 4 elementos em conjunto. O objetivo, aqui, é reequilibrar cada um dos 4 elementos essenciais: terra, água, fogo e ar, e ativar o estado de Alinhamento Vibracional Máximo.

Cura **da Alma**

Como fazer as 4 etapas da ativação Atma Healing

Fluxo duplo

ETAPA 1

Inspire 4x

Expire 4x

7x

Amanda **Dreher**

✧ Respire pelas narinas, de forma sincronizada e harmônica, fazendo a contagem de tempo e a visualização de luz.

✧ INSPIRE contando até quatro e EXPIRE contando até quatro.

✧ Durante a INSPIRAÇÃO, visualize uma LUZ VERDE entrando pelas suas narinas e descendo até os pulmões.

✧ Durante a EXPIRAÇÃO, visualize essa mesma LUZ VERDE se espalhando por todo o seu corpo, percorrendo sua corrente sanguínea e iluminando cada célula do seu corpo.

✧ Repita esse fluxo duplo sete vezes, e depois volte a respirar normalmente.

Portal do coração

"Eu confio na inteligência maior, que é onisciente e onipresente, que sente apenas amor e que responde a minha vontade de me curar e evoluir."

ETAPA 2

Cura **da Alma**

✦ Enquanto você respira normalmente algumas vezes, volte sua atenção para a região do coração.

✦ Esfregue as palmas das suas mãos por aproximadamente 20 segundos, ativando a energia, enquanto declara mentalmente: "Consciência Universal, Energia Essencial, Divino Criador que está em mim, que está em toda parte, limpa de minhas memórias toda dor e sofrimento emocional!"

✦ Posicione a palma da mão esquerda no seu peito e desenhe um círculo da esquerda para a direita (sentido anti-horário), repetindo o movimento oito vezes.

✦ Respire profundamente. Sinta a sua energia.

✦ Esfregue as palmas das suas mãos por aproximadamente 20 segundos, ativando a energia, e agora declare mentalmente: "Eu confio na inteligência maior, que é onisciente e onipresente, que sente apenas amor e que responde à minha vontade de me curar e evoluir."

✦ Posicione a palma da mão esquerda no seu peito e desenhe um círculo da direita para a esquerda (sentido horário), repetindo o movimento oito vezes.

✦ Respire profundamente. Sinta a sua energia.

ETAPA 3

Coerência

Concentre sua atenção na região do coração e imagine, visualize, sinta um ponto de luz, brilhante e intenso, iluminando toda essa área, como se você tivesse um Sol no centro do coração, que irradia luz para todo o corpo, que preenche de luz todas as suas células e irradia luz para além de você.

Mantenha essa visualização por, no mínimo, 68 segundos.

Amanda **Dreher**

A SUA ativação

"Energia Essencial que está em mim..."

ETAPA 4

Escolha uma das 5 ativações do Nível 1 e repita mentalmente a sua ativação Atma Healing.

As 5 ativações do Nível 1

Aqui você encontra as 5 ativações do Nível 1 do Atma Healing que serão utilizadas na etapa 4 da técnica de ativação Atma Healing.

Na Parte 2 deste livro, no Plano de 5 Semanas, você encontra uma ativação sugerida para fazer a cada dia. Minha recomendação é que você siga exatamente essa sequência, principalmente se for fazer pela primeira vez.

Depois que já tiver concluído o Plano de 5 Semanas, recomendo que você trabalhe um elemento por dia, ou seja, comece com a ativação 1 do elemento terra, e depois continue a sequência com a ativação 2 do elemento água, a ativação 3 do elemento fogo, a ativação 4 do elemento ar, e a ativação 5 de todos os elementos, repetindo a sequência.

Amanda **Dreher**

Ativação Atma Healing 1 - Terra

Comece fazendo as primeiras três etapas da ativação:

Etapa 1: Fluxo duplo

Etapa 2: Portal do coração

Etapa 3: Coerência

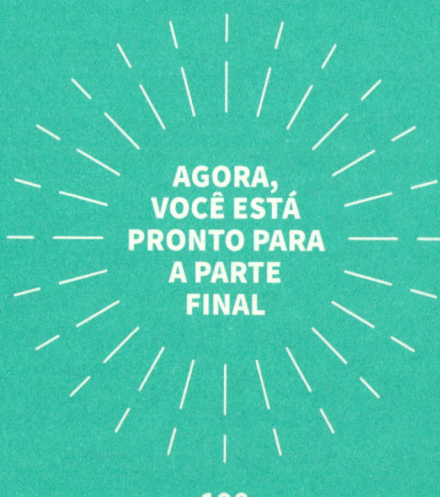

AGORA, VOCÊ ESTÁ PRONTO PARA A PARTE FINAL

Cura **da Alma**

Etapa 4: A SUA ativação Atma Healing 1 - Terra

Energia Essencial que está em mim, que flui em mim e através de mim, que está presente em cada célula do meu corpo...

Luz Divina que ilumina e preenche o meu coração,

Eu agora deixo ir todos os meus medos e limitações.

Eu agora deixo ir todos os julgamentos e preocupações.

Eu agora deixo ir tudo o que ainda
causa dor e sofrimento em mim.

Todos os pensamentos e sentimentos
negativos são dissolvidos na luz.

Todos os padrões de sofrimento
emocional são transmutados em luz.

Eu sei qual é a sensação de viver sem medos,

Eu sei qual é a sensação de viver sem preocupações,

Eu sei qual é a sensação de viver sem nenhuma limitação,

Porque eu sei quem eu sou!

Eu sou a consciência infinita e livre de limitação. Eu sou uma extensão do Divino Criador. Eu sou a Energia Essencial em ação.

Eu sou o Atma!

Eu sou o ponto do qual toda ação surge e ao qual toda ação retorna. Eu sou a expressão da vida na Terra. Eu sou a inteligência maior presente em cada célula do meu corpo.

Eu sinto o meu corpo. Eu agradeço ao meu corpo.
Eu amo o meu corpo.

Amanda **Dreher**

Eu sinto o meu corpo desperto com
a vitalidade que vem da terra.

Eu e meu corpo estamos em harmonia.

Eu sinto a estabilidade e a paz, a clareza e a tranquilidade, a força e a humildade da conexão com o meu corpo, da conexão com a terra.

Eu confio na energia do Divino Criador. Eu confio no meu poder interior. Eu confio no fluxo da vida porque...

Eu sou o Atma!

Eu agora deixo ir todos os ressentimentos e falta de amor.

Eu agora deixo ir todas as culpas e tristezas.

Eu agora deixo ir tudo o que ainda causa dor e sofrimento em mim.

Todos os pensamentos e sentimentos
negativos são dissolvidos na luz.

Eu sei qual é a sensação de viver sem ressentimentos!

Eu sei qual é a sensação de viver sem nenhuma culpa!

Eu honro e agradeço às minhas memórias de vida.

Eu honro e agradeço aos meus antepassados
e toda a minha ancestralidade.

Porque eu sei quem eu sou:

Eu sou o Atma!

Eu sou uma consciência em evolução.

Eu agora deixo ir todas as cobranças e expectativas.

Eu agora deixo ir todas as frustrações e arrependimentos.

Eu agora deixo ir tudo o que ainda causa dor e sofrimento em mim.

Todos os pensamentos e sentimentos
negativos são dissolvidos na luz.

Todos os padrões de sofrimento
emocional são transmutados em luz.

Eu sei qual é a sensação de viver sem cobranças!

Eu sei qual é a sensação de viver sem frustrações!

Eu sei qual é a sensação de viver sem nenhuma limitação!

Porque eu sei quem eu sou:

Eu sou o Atma!

Eu sei que eu posso ser, fazer e ter tudo o que desejar,

Porque eu sou uma extensão do Divino Criador,
que criou e cria tudo o que existe.

Eu reconheço o poder criador que existe em mim.

Eu reconheço a força criativa que pulsa
e vibra em cada célula do meu ser.

Eu reconheço a energia da terra que pulsa em mim.

Eu me sinto cheio de energia e motivação.

Eu me sinto alegre e confiante.

Eu sei que tudo o que eu preciso saber é revelado a mim.

Eu sei que tudo o que eu preciso eu recebo
no momento perfeito, no tempo certo.

Porque se alguma coisa ainda não aconteceu
é porque algo ainda maior e melhor está por vir.

Porque eu sei quem eu sou:

Eu sou o Atma!

Eu sou o Espírito manifestado na matéria.
Eu sou a consciência divina presente na vida da Terra.

Eu me sinto conectado à terra.
Eu sinto o pulsar da energia da terra em mim.

Eu vivo a vida com amor e alegria.

Eu vivo a vida com leveza e generosidade espiritual.

Eu vivo a vida com coragem e fé.

Eu estou em harmonia.

Eu confio no fluxo da vida: sempre em movimento, sempre em expansão.

Eu sigo no fluxo da vida: sempre em movimento, sempre em evolução.

Eu sou o Atma!

Cura **da Alma**

Ativação Atma Healing 2 - Água

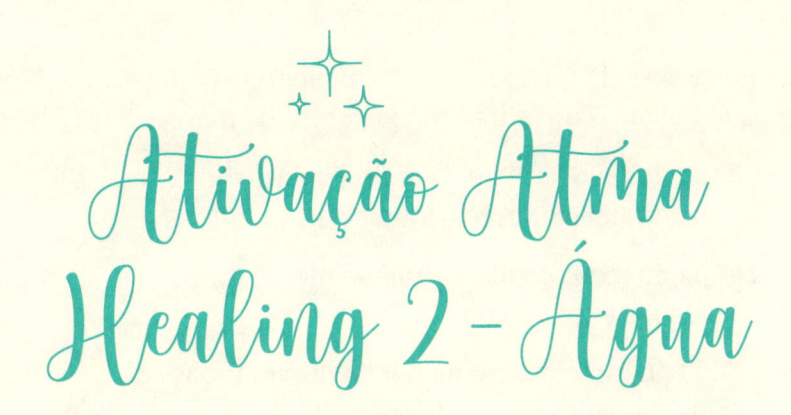

Comece fazendo as primeiras três etapas da ativação:

Etapa 1: Fluxo duplo

Etapa 2: Portal do coração

Etapa 3: Coerência

AGORA, VOCÊ ESTÁ PRONTO PARA A PARTE FINAL

Etapa 4: A SUA ativação Atma Healing 2 - Água

Força de vida que pulsa em mim, Energia Divina
que flui em mim, abre espaço dentro de mim.

Limpa do meu corpo e da minha mente todas
as ansiedades e inquietações.

Limpa do meu corpo e da minha mente todas
as mágoas e frustrações.

Limpa do meu corpo e da minha mente todas
as dúvidas e projeções.

Força de vida que pulsa em mim, Energia Divina
que flui em mim, deixa ir, deixa fluir.

A cada inspiração, a cada expiração, eu sinto o movimento,
eu sinto o fluxo.

Do interior para o exterior, do exterior para o interior.

O movimento da vida.

Meu coração bate, o sangue pulsa,
minhas células se expandem e contraem.

Dentro de mim nada está parado, tudo se move. Eu estou vivo.

Existe um rio de mudança acontecendo
dentro do meu corpo e da minha mente.

Um fluxo incessante de pensamentos e sentimentos.
Eu sinto esse fluxo.

Movimento, mudança, crescimento e prazer.

Eu sigo no fluxo da vida.

Eu sou a Consciência Infinita, a Energia Essencial
em ação, eu sou o Atma!

A Terra gira, o vento sopra, a maré vem e vai.

Do lado de fora, nada está parado.

Tudo muda constantemente a cada minuto.

Um fluxo de mudança contínua fazendo cada momento diferente do anterior.

O movimento da vida...

Como um rio, às vezes lento como um grande rio, às vezes veloz como um riacho na primavera; o movimento sempre presente.

A cada inspiração, a cada expiração...

Eu me abro para o fluxo da vida.

Deixo ir tudo o que precisa ser encerrado.

Deixo ir tudo o que ainda causa dor e sofrimento.

Deixo ir tudo que bloqueia minha evolução.

A cada inspiração, a cada expiração...

Eu me abro para o fluxo da vida.

Deixo fluir as novas e infinitas possibilidades.

O movimento da vida...

Amor, alegria, prazer e confiança.

Abundância, prosperidade, saúde e felicidade.

O fluxo do dar e receber, o movimento, a troca, a expansão.

Eu sou a Essência, o ponto do qual tudo começa e tudo retorna. Eu sou o fluxo. Eu sou o Atma!

Eu sei qual é a sensação de me sentir amado. Eu me amo.

Eu sei qual é a sensação de amar os outros
e de receber amor dos outros.

Eu estou no fluxo. Eu me entrego ao fluxo. Eu confio no fluxo.

Eu sou o Atma!

Ativação Atma Healing 3 - Fogo

Comece fazendo as primeiras três etapas da ativação:

Etapa 1: Fluxo duplo

Etapa 2: Portal do coração

Etapa 3: Coerência

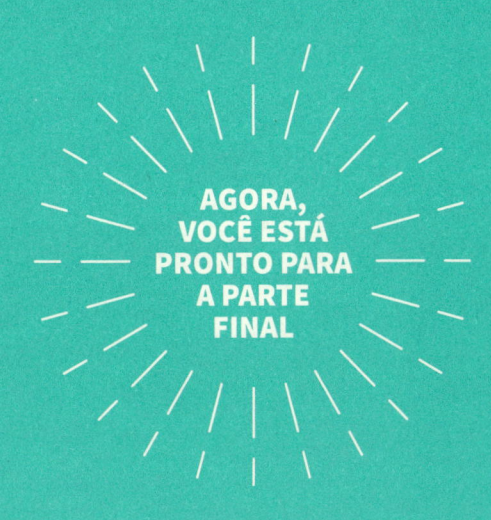

AGORA, VOCÊ ESTÁ PRONTO PARA A PARTE FINAL

Amanda **Dreher**

Etapa 4: A SUA ativação Atma Healing 3 - Fogo

Força Divina que brilha em mim, Energia Essencial que me ilumina,

Luz da vida...

Luz que brilha dentro e fora de mim.

Eu reconheço e ativo a luz da vida em mim.

Eu sinto a energia do fogo que ativa a vida em mim.

Eu permito que todos os padrões de sofrimento emocional ativos em meu corpo e em minha mente sejam agora transmutados em luz.

Eu entrego todos os medos para que sejam transmutados em luz.

Eu libero toda raiva, raiva da vida, para que seja agora transmutada em luz.

Eu permito que todo sentimento de impotência ou vitimização seja, agora, transmutado em luz.

Eu entrego toda tentativa de tentar controlar os outros, consciente ou inconsciente, para que seja transmutada em luz.

Eu libero toda crítica e autocrítica para que seja transmutada em luz.

A energia do fogo que acende a luz da consciência.

Luz que brilha dentro e fora de mim,

Luz da vida...

Eu reconheço e ativo a luz da vida em mim.

Cada célula do meu corpo é agora iluminada.

Cura **da Alma**

Cada órgão do meu corpo é agora iluminado.

Cada parte do meu corpo é agora iluminada.

Luz Divina que me preenche...

Luz que remove do meu corpo e da minha mente o cansaço.

Luz que remove do meu corpo e da minha mente o desânimo.

Luz da vida que brilha dentro e fora de mim...

Eu sinto a energia do fogo que ativa a vida em mim.

A energia do fogo que acende a luz da consciência e desperta a vida em mim.

Eu me sinto cheio de energia.

Eu tenho ânimo, coragem e determinação.

Cada desafio é uma oportunidade
de despertar meu potencial máximo.

Eu sinto entusiasmo pela vida.

Eu tenho vontade de viver a vida.

Eu tenho vontade de servir à vida.

Luz da vida...

Luz que brilha dentro e fora de mim.

Luz que desperta a minha consciência.

Eu sou a consciência infinita e livre de limitação. Eu sou uma extensão do Divino Criador. Eu sou a Energia Essencial em ação.

Eu sou o Atma!

Luz da vida...

Luz que brilha dentro e fora de mim.

Amanda **Dreher**

Luz que ativa o fogo da vontade e o poder interior em mim.

A minha vontade pessoal está, agora,
alinhada com a vontade divina.

O fogo da vontade dissolve padrões antigos
de pensamento e comportamento.

O fogo da vontade me liberta de hábitos
limitantes e da zona de conforto.

O fogo da vontade rompe os padrões antigos
e me impulsiona em direção ao novo.

O fogo da vontade que acende a energia
da criação e agora se transforma em luz.

Luz da vida…

Luz que brilha dentro e fora de mim.

Luz que me permite agir com facilidade.

Luz que revela as infinitas possibilidades.

Luz que ilumina o meu caminho.

Luz que guia o meu propósito de vida.

Luz da vida…

Eu acredito no meu poder interior.
Eu confio no Divino Criador.

Eu tenho fé em mim. Eu tenho fé na vida.

A luz que brilha dentro de mim é a luz que brilha fora de mim.

Eu sou um com o Criador. Eu sou Atma!

Eu sou quem sou Eu de Verdade..

Eu sou o criador da minha realidade.

Eu sou Atma!

Cura **da Alma**

Ativação Atma Healing 4 - Ar

Comece fazendo as primeiras três etapas da ativação:

Etapa 1: Fluxo duplo

Etapa 2: Portal do coração

Etapa 3: Coerência

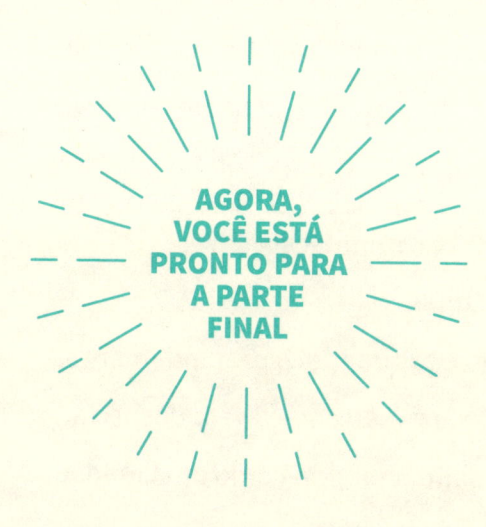

AGORA, VOCÊ ESTÁ PRONTO PARA A PARTE FINAL

Etapa 4: A SUA ativação Atma Healing 4 - Ar

Consciência infinita, Energia Essencial que está em tudo, que está em todos... Eu abro meu coração neste momento.

Eu estou aberto para que o novo se manifeste em minha vida.

Eu estou aberto para o fluxo da vida.

Inspirando e expirando... profundamente.

O divino toca o meu coração e o transforma.

Inspirando e expirando... profundamente.

Eu crio espaço dentro de mim.

Respirando, eu sinto o fluxo da vida em mim.

Inspirando o novo, expirando o velho.

O vento traz, o vento leva.

Respirando, curando, transformando, renovando.

O vento da mudança leva os medos e dissolve os bloqueios.

O vento da mudança renova os sonhos e traz a esperança.

Respirando, curando, transformando, renovando.

Eu vejo e sinto o mundo como uma unidade.

Eu sei que eu sou um com o Criador. Eu sei que eu sou a Energia Essencial em ação. Eu sei que eu sou uma consciência infinita e livre de limitação.

Eu sou o Atma!

Inspirando e expirando... profundamente.

O divino toca o meu coração e o desperta.

Eu vejo e sinto o mundo como uma unidade.

Cura **da Alma**

Eu me sinto completo e radiante.

Eu vivo a vida com leveza e simplicidade.

Respirando, curando, transformando, renovando.

A liberdade de ser quem sou Eu de Verdade.

A aceitação do espírito e da matéria.

Respirando, curando, transformando, renovando.

Eu sei qual é a sensação de me sentir completo.

Eu sei qual é a sensação de estar equilibrado física, mental, emocional e espiritualmente.

Respirando, curando, transformando, renovando.

Eu sei qual é a sensação de sentir paz interior.

Eu sei qual é a sensação de sentir amor e alegria.

Eu sei qual é a sensação de me sentir amado pelo Criador.

O amor se irradia por toda a existência.

Respirando, curando, transformando, renovando.

A vida é feita de amor.

Eu sinto amor por mim.

Eu sinto amor pelo Criador.

Eu sinto amor por tudo e por todos.

Porque eu vejo e sinto o mundo como uma unidade.

Porque eu sei quem eu sou: Eu sou o Atma!

Porque eu sei que não existe separação.

De dentro para fora, de fora para dentro.

O amor é a força de ligação,

Amanda **Dreher**

Aceitação, equilíbrio, sabedoria e compaixão.

O amor é expansão,

Aceitação, equilíbrio, sabedoria e compaixão.

O amor é conexão.

Eu vejo e sinto o mundo como uma unidade.

Eu sei que não existe separação e que somos todos um, feitos da mesma essência, encarando os mesmos problemas, com esperanças e medos, na busca por sermos felizes.

O amor é a conexão.

A conexão com a fonte que traz a inspiração.

A conexão com a fonte que promove a cura.

A conexão com a fonte que ativa a abundância.

Inspirando e expirando... profundamente.

Respirando, curando, transformando, renovando.

O vento traz, o vento leva.

O fluxo da vida, o dar e o receber... em perfeito equilíbrio, em harmonia.

O desapego que abre espaço para novo.

A harmonia que manifesta a cura.

A liberdade de ser quem sou Eu de Verdade.

Eu sou o Atma!

Cura **da Alma**

Ativação Atma Healing 5 – completa

Terra, Água, Fogo e Ar.

Comece fazendo as primeiras três etapas da ativação:

Etapa 1: Fluxo duplo

Etapa 2: Portal do coração

Etapa 3: Coerência

AGORA, VOCÊ ESTÁ PRONTO PARA A PARTE FINAL

Etapa 4: A SUA ativação Atma Healing 5 Completa - Terra, Água, Fogo e Ar

Reúna os 4 ciclos anteriores na ordem: terra, água, fogo e ar.

Amanda **Dreher**

E agora?

Parabéns por você ter concluído o seu Plano Atma Healing de 5 Semanas! Celebre e comemore esta vitória! Pense em tudo o que você aprendeu e melhorou nos últimos 35 dias. Como você estava quando começou e como você está agora?

Você teve acesso a um conhecimento único no mundo, e eu espero sinceramente que o seu coração e a sua mente tenham recebido essa oportunidade da melhor maneira possível. Lembre-se sempre do poder do H.A.D.: cuidar da sua mente, emoções e energia hoje, amanhã e depois. Pequenas melhoras, grandes resultados. Algumas mudanças são mais perceptíveis; outras, mais sutis. Mas alegre-se: um novo nível de energia e vibração foi ativado dentro de você. Para mim, foi um privilégio compartilhar este caminho de cura e transformação com você!

Cura **da Alma**

O QUE FAZER?

Em primeiro lugar, você pode repetir este plano de 5 semanas quantas vezes quiser. Enquanto sentir que ele está te ajudando, te permitindo evoluir, continue.

Em segundo lugar, por meio do seguinte QR Code, você pode acessar todos os presentes que preparei especialmente para você continuar evoluindo e potencializando seus aprendizados.

Amanda **Dreher**

Por fim, você pode entrar no próximo nível, que é o programa on-line de acompanhamento Atma Healing Infinity. As turmas são abertas de tempos em tempos, então é essencial que você se inscreva na lista preferencial, disponível no QR Code acima, para ser avisado sobre a próxima turma. A seguir, compartilho alguns depoimentos de alunos que já participaram desse curso e transformaram suas vidas:

Marina: Fiz terapia por 15 anos e realizei alguns cursos de autoconhecimento, mas tive poucos resultados. Me sentia depressiva, uma dor muito forte no peito, um vazio no coração. Estava ansiosa e com insônia, e mesmo com remédios não conseguia dormir. Sentia-me frustrada, incapaz, incompetente. Eu sempre cuidei dos outros, mas nunca soube cuidar de mim, servir a mim mesma, me amar. Hoje estou com uma paz de espírito muito grande. Não estou mais morrendo em vida, estou evoluindo, crescendo, me alinhando com meu Eu de Verdade. Hoje eu olho no espelho e vejo aquela Marina de verdade que eu era, que eu sou. As técnicas Atma Healing transformaram minha vida, e de bônus voltei ao meu peso normal.

Michely: Meu sono melhorou significativamente, assim como o meu foco e concentração – o efeito cascata de uma noite bem dormida. Só tenho a agradecer pelo crescimento proveitoso e pela mudança expressiva que vivi na questão dos relacionamentos, na vida profissional e no foco nos estudos, pois antes eu tinha muita dificuldade por causa da procrastinação.

Goreti: Estou orgulhosa de mim! Já estou repetindo o Plano Atma de 5 Semanas pela terceira vez, sem falhar nenhum dia. Muitas mudanças estão acontecendo; às vezes são mudanças sutis, mas que fazem parte de uma engrenagem maior. Eu tomava remédios para dormir há 20 anos, e há um mês estou conseguindo dormir sem eles. Não foi fácil, mas estou no caminho certo.

Fabricio: Eu não conseguia concluir nada. Perdia muito o foco e ficava muito ansioso. Com o Atma Healing, deslanchei no marketing digital, que era o meu seu sonho. Consegui pagar todas as minhas contas, e para quem não tinha um centavo, hoje eu tenho o mundo. E grande parte deste mundo eu devo a este método e à Amanda, que me deu sentido e direção não só no âmbito profissional, mas para tudo. Hoje eu consigo desfrutar de abundância em todas as áreas da minha vida.

Adriana: Estou muito feliz. Parei de tomar antidepressivos e ansiolíticos, melhorei a saúde física também, estou com mais energia. Resolvi o perdão em relação à separação, na qual estava presa há anos. Minha vida profissional e financeira começou a fluir, e já tem duas semanas que não preciso tomar remédio para dormir. Obrigada!

Maria Isabel: Eu sofria com fibromialgia e depressão, mas fazendo as ativações Atma Healing, minhas dores diminuíram muito e eu praticamente disse adeus à fibromialgia.

Amanda **Dreher**

Sinto-me com mais disposição e energia. Estou vendo o mundo com outros olhos, aprendendo a ver que as pessoas são o que elas são, e não o que eu queria que elas fossem. Melhorei minha autoestima e até mudei meu visual, estou cuidando mais de mim. Até minhas filhas perceberam minhas mudanças.

João Roberto: Eu tenho uma vida boa, mas sentia que faltava algo, principalmente na área da prosperidade financeira. Trabalhava muito e só ganhava o suficiente para pagar as contas do dia a dia, sempre apertado. Comecei a fazer o Atma Healing e, por mais incrível que pareça, minha vida começou a prosperar. E não foi só a prosperidade financeira, mas a vida afetiva também melhorou e eu me sinto muito mais tranquilo e com mais energia.

Maria José: Tive uma melhora incrível em todas as áreas da minha vida. Eu tomava várias medicações para vários transtornos; hoje tomo apenas um e já estou na metade da dose. Descobri minha missão. Hoje sei exatamente aonde quero chegar. Estou focada no meu objetivo.

@amandaldreher

Você merece ser bem cuidado, e a primeira pessoa que vai te cuidar e amar é você mesmo.

Amanda **Dreher**

Se você gostou desse livro
e deseja receber novidades
sobre os próximos lançamentos
da Luz da Serra Editora,
aponte a câmera do seu celular
para o seguinte QR Code
e se cadastre na lista VIP:

Cura da Alma

Transformação pessoal, crescimento contínuo,
aprendizado com equilíbrio e consciência elevada.
Essas palavras fazem sentido para você?
Se você busca a sua evolução espiritual,
acesse os nossos sites e redes sociais:

Luz da Serra Editora no Instagram:

Conheça também nosso Selo MAP –
Mentes de Alta Performance:

No Instagram:

Luz da Serra Editora no Facebook:

No Facebook:

Conheça todos os nossos livros acessando nossa loja virtual:

Conheça os sites das outras
empresas do Grupo Luz da Serra:

luzdaserra.com.br
iniciados.com.br

YouTube
luzdaserra

Luz da Serra®
EDITORA

Rua das Calêndulas, 62 – Juriti
Nova Petrópolis / RS – CEP 95150-000
Fone: (54) 99263-0619
E-mail: loja@luzdaserra.com.br

Impressão e Acabamento | Gráfica Viena
Todo papel desta obra possui certificação FSC® do fabricante.
Produzido conforme melhores práticas de gestão ambiental (ISO 14001)
www.graficaviena.com.br